PASCUA FLORIDA

CUARESMA

Y

SEMANA SANTA

Jorge A. Leignadier V.

TODOS LOS DERECHOS RESERVADOS

DEDICATORIA

A mi esposa, mis hijos y mi nieto por el amor con el que me rodean y se comparten.

A todos los que siguen las enseñanzas de la Palabra de Dios dispensada a través del ciclo litúrgico.

AGRADECIMIENTOS

La foto de la portada la Cruz y la escultura de la Piedad, ubicadas en la capilla de San Felipe Neri, Casco Antiguo, Ciudad de Panamá. Tomada y donada por José De Los Santos Valdés Morán.

El diseño y modificación de la portada es de José De Los Santos Valdés Morán, un hermano de la Palabra.

Los textos bíblicos provienen del calendario litúrgico de Servicios Koinonía.

Algunas palabras en griego y hebreo traducidas específicamente como ayuda al mejor comprensión del texto fueron tomadas del servicio público de BIBLIA PARALELA (http://bibliaparalela.com).

Las alusiones y referencias al pensamiento de S. Ignacio de Loyola están tomadas de su obra Los Ejercicios Espirituales.

INDICE

Miércoles de Ceniza 7
Jueves después de Ceniza 16
Viernes después de Ceniza 26
Sábado después de Ceniza 34
Domingo 1 de Cuaresma 42
Lunes 1 de Cuaresma 48
Martes 1 de Cuaresma 55
Miércoles 1 de Cuaresma 61
Jueves 1 de Cuaresma 69
Viernes 1 de Cuaresma 73
Sábado 1 de Cuaresma 78
Domingo 2 de Cuaresma 84
Lunes 2 de Cuaresma 86
Martes 2 de Cuaresma 90
Miércoles 2 de Cuaresma 99
Jueves 2 de Cuaresma 107
Viernes 2 de Cuaresma 116
Sábado 2 de Cuaresma 120
Domingo 3 de Cuaresma 131
Lunes 3 de Cuaresma 135
Martes 3 de Cuaresma 143
Miércoles 3 de Cuaresma 151
Jueves 3 de Cuaresma 161
Viernes 3 de Cuaresma 168
Sábado 3 de Cuaresma 175
Domingo 4 de Cuaresma 184
Lunes 4 de Cuaresma 186

Martes 4 de Cuaresma 189

Miércoles 4 de Cuaresma 198

Jueves 4 de Cuaresma 205

Viernes 4 de Cuaresma 215

Sábado 4 de Cuaresma 222

Domingo 5 de Cuaresma 229

Lunes 5 de Cuaresma...233

Martes 5 de Cuaresma 240

Miércoles 5 de Cuaresma 245

Jueves 5 de Cuaresma 255

Viernes 5 de Cuaresma 259

Sábado 5 de Cuaresma 268

SEMANA SANTA..278

Domingo de Ramos 278

Prendimiento..284

Indagatoria de autoridades judías 284

Juicio ante el gobernador romano:Pilatos 284

Lunes Santo 286

Martes Santo 294

Miércoles Santo 303

Jueves Santo 312

Viernes Santo...320

Sábado Santo...332

Miércoles de Ceniza

Joel 2,12-18

Rasgad los corazones y no las vestiduras

Lo que se pide es contrición, no legislación. La sociedad confiesa su corrupción, la proclama, le denuncia, la señala de unos a otros, pero no de corazón.

Elabora y promulga leyes, mas leyes que no se cumplirán, que no se van a hacer cumplir con justicia, sino con más corrupción.

Pocos miran su propia corrupción como el velo que impide actuar con equidad. Pocos aceptan su culpa como requisito a una conducta más justa. En realidad la conciencia y su conversión son los temas omitidos.

convertíos al Señor, Dios vuestro, porque es **compasivo y misericordioso**

Quizá se arrepienta y nos deje todavía su bendición,

Porque el profeta no da una seguridad absoluta para que al seguir sus indicaciones efectivamente se obtenga el perdón.

La Palabra no da falsas seguridades a nuestra libertad. No da ocasión de apertrecharnos en nuestra confianza en nosotros mismos.

La Palabra del Señor erosiona nuestra autocomplacencia y permite abrirnos a la seguridad en Él solo. Es la quintaesencia de su mensaje: SOLO ÉL ES ÉL. No debimos, no debemos apoyarnos en nada ni nadie más.

Esta radicalidad mantenida y sostenida generacionalmente es la traducción histórica de su absoluto frente a la contingencia e incertidumbre de nuestra libertad.

Dejar que las palabras caigan sobre lo profundo de nosotros, dando la pausa necesaria para que afecten e impresionen y muevan al cambio de actitud.

proclamad el ayuno

Todos a su modo deben suspender su cotidianidad y hacer espacio a la consideración, con frecuencia dolorosa, que en nuestra vida ÉL NO ES EL único en quien depositamos la confianza a través de nuestra libertad.

"Perdona, Señor, a tu pueblo; no entregues tu heredad al oprobio, no la dominen los gentiles; no se diga entre las naciones: ¿Dónde está su Dios?

El prestigio del Señor está por encima de nuestro cálculo, que intenta ligarlo a nuestro éxito y buena suerte, invocando su elección.

Su libertad pone en aprietos nuestras concepciones que intentan asegurarnos fuera de Él.

Salga el esposo de la alcoba, la esposa del tálamo. Entre el atrio y el altar lloren los sacerdotes, ministros del Señor

Nadie. Ninguna persona. Ninguna ocupación. Ninguna rutina debe excusar que hagamos un alto para reconocer nuestro pecado. El que sabemos que hace daño a nuestra entrega al reino.

no se diga entre las naciones: ¿Dónde está su Dios? El Señor tenga celos por su tierra, y perdone a su pueblo

Tenemos que aprender a leer esos celos, que no siempre se muestran a favor del supuesto elegido. El siervo elegido fue entregado aun sin culpa, qué esperamos los demás que sí la tenemos?

El prestigio del Señor está por encima de nuestro cálculo, que intenta ligarlo a nuestro éxito y buena suerte, invocando su elección.

Su libertad pone en aprietos nuestras concepciones que intentan asegurarnos fuera de Él.

Se trata también de mover al Señor y encontrar los resortes de convicción para que se resuelva a devolvernos su favor. Hemos de hacer creíble nuestra vuelta atrás.(shuf)

Salmo responsorial: 50

por tu inmensa compasión borra mi culpa

Que sea la compasión del Señor, inmensa como la eternidad, la que nos perdone y no una mera rectificación para complacer el señalamiento y la algarabía del mundo, cuando se escandaliza por una supuesta corrupción, y la condena sin respetar la presunción de inocencia.

No obstante su absoluto radical, está dispuesto al perdón como borrón y cuenta nueva, también diferente a nuestra libertad que es borrón pero cuenta aparte, porque la antigua se mantiene. Es la expresión: perdono pero no olvido.

lava del todo mi delito

Porque el pecado como desviación produce una eclosión de efectos e interferencias que forman una red de iniquidad y ambivalencias de la que es imposible liberarse si el Señor no se apiada

yo reconozco mi culpa, / tengo siempre presente mi pecado: / contra ti, contra ti sólo pequé, / cometí la maldad que aborreces

Sería una gracia mayor si pudiera ver mejor esta conexión: he pecado contra ti. La experiencia de Él debe ser de tal calidad, que permita entender la malicia del desvío y sus consecuencias.

Es un don de su Palabra entender que el pecado significa alterar nuestra relación con Él, porque un efecto del pecado es la trivialización de esta responsabilidad.

Es el paso inicial, lo mínimo para empezar el proceso de volverse atrás y devolverse del mal actuado.

Que afectemos la relación con el Señor es un don suyo a nuestra libertad que nos sirve para incentivar la conversión.

crea en mí un corazón puro, / renuévame por dentro con espíritu firme

Porque el proceso es trabajoso y fatigoso y desafía nuestras mejores fuerzas y buena voluntad.

Devuélveme la alegría de tu salvación

El gozo de la recuperación motivará a permanecer en el proceso y adentrarse

2Corintios 5,20-6,2

como si Dios mismo os exhortara por nuestro medio

Incluso entre los profesionales de la religión percibimos que no se tiene fe en esta exhortación paulina.

Si no se ve, ni gusta, ni conviene el designado, no parece recibir una obediencia de fe.

Más bien hay murmuraciones, críticas, incomodidades, interpretaciones ácidas, irónicas y cínicas.

Como el pueblo con Moisés en el desierto.

Y entre los discípulos con Jesús, cuando los hijos del trueno pedían fuego del cielo y los primeros puestos.

Cuando se ha vivido un poco y hemos observado las flaquezas y vulnerabilidades propias y ajenas, es difícil aceptar la presencia del Señor en alguien, de quien sospechamos motivos espurios.

Al que no había pecado Dios lo hizo expiación por nuestro pecado, para que nosotros, unidos a él, recibamos la justificación de Dios

no echar en saco roto la gracia de Dios

Jesús es la configuración de un modo nuevo de ver el pecado, incluso como estructura.

Pero un pecado perdonado, como tierra arada para la siembra y la cosecha, que convoca nuestra mejor energía, pero ya.

No entendemos con claridad por qué el inocente es victimizado. Es escándalo para nuestra fe y aun para nuestras ciencias sociales.

Jesús de Nazaret victimizado en su inocencia y ausencia de culpa, por las alegaciones de sus enemigos, para sepultar su aporte al cambio, nos ayuda en proyectar luz sobre ese misterio de iniquidad.

Tantos son los que se asombran que sus buena voluntad sea tergiversada a lo largo de la existencia por la suspicacia y malevolencia de otros.

Tantos son los despojados brutalmente de su medio de subsistencia por otros animados de envidias, codicia y mezquindades.

Tantos son los damnificados por calamidades, errores voluntarios e involuntarios y tragedias, aun cuando vivían responsablemente.

Este escándalo de la cruz tiene sentido desde el Padre como acto amoroso que destierra el pecado.

unidos a él, recibamos la justificación de Dios

La eficacia de nuestra conversión está en nuestra unión a Jesús, el mediador por excelencia.

ahora es tiempo favorable, ahora es día de salvación.

Mientras nuestra profundidad se vea afectada por este escándalo es entonces un momento oportuno.

Ahora que está sonando este anuncio

Mateo 6,1-6.16-18

delante de los hombres para ser vistos por ellos

con el fin de ser honrados por los hombres;

Siendo honestos con nosotros mismos hemos de reconocer que desfallecemos por el reconocimiento, que justo es aceptarlo, nutre nuestra autoestima.

Pero hay una ley del anonimato en el reino, para que no se cuele la hipocresía y nos motive más la fama, que hacer el bien sin reconocimiento, dejando al Señor el reconocimiento verdadero.

Se trata de dar al mundo, aun eventualmente, que hay valores por encima de los corrientemente aceptados como buenos.

cuando hagas limosna, que no sepa tu mano izquierda lo que hace tu derecha; así tu limosna quedará en secreto, y **tu Padre, que ve en lo secreto, te lo pagará.**

Nuevamente el sentido que debe sostenerse es que ÉL ES ÉL. En este caso, el Padre único que paga la recompensa por nuestra limosna.

Así no descansaremos nuestra confianza en ningún pago de nadie, por sencillo que sea.

Apreciar este reconocimiento con gozo es señal de la presencia de su Espíritu en nosotros

cuando vayas a rezar, entra en tu aposento, cierra la puerta y reza a tu Padre, que está en lo escondido, y tu Padre, que ve en lo escondido, te lo pagará

Si la actitud de fondo no es la del anonimato la imposición de la ceniza puede ser una desviación y convertirse en una formalidad mágica. Se desnuda así de la ayuda litúrgica su objetivo de conversión.

que tu ayuno lo note, no la gente, sino tu Padre, que está en lo escondido

Ayuno, oración y limosna en lo escondido para que el Padre lo recompense, como contracultura de la tendencia a exhibir mediáticamente casi todo y así causar revuelo.

Un don del Señor sigue siendo en nuestro tiempo la motivación de hombres y mujeres anónimos que en lo secreto y profundo de sus conciencias deciden ser solidarios como limosna y orar por sí y por los demás.

Se trata de revertir la hipocresía y revestirse de anti-hipocresía.

Jueves después de Ceniza

Deuteronomio 30,15-20

Moisés habló al pueblo

Si comparamos a Moisés, en la responsabilidad que las tradiciones de la Torá le asignan sobre el pueblo, con el liderazgo de Jesús, hay una diferencia de tipo político.

Jesús es más carismático, emergente, menos institucional.

El tiempo de Mosisés en el cargo es de al menos una generación, y el de Jesús puede que no pase de un año y medio.

El pueblo con Moisés tiene cierta cohesión y convive durante ese tiempo, y alcanza a organizarse.

Con Jesús no hay organización, solamente en ciernes con un grupo más íntimo, a quien instruye.

Sin embargo, con todo y el peso del líder Moisés, los cercanos a Jesús lo colocan por encima.

Se puede decir que con la predicación de Juan Bautista sobreviene una ruptura con el liderazgo indiscutible de Moisés.

Él ve en Jesús una cercanía a Yhwh mayor que la que se le reservaba tradicionalmente a Moisés.

Con Juan B. Jesús es ungido como un Hijo predilecto, cuando se abren los cielos y una voz lo declara.

Este mensaje blasfemo y revolucionario, era una verdadera bomba para el establecimiento conformado por Sumos Sacerdotes, ancianos y escribas saduceos y fariseos.

Predicarlo y confesarlo representaba un peligro para los apóstoles y discípulos. Ni los propios discípulos de Juan B. se atrevieron o entendieron el alcance de la ruptura de su maestro.

Sin embargo hay lecturas modernas Jesuológicas o Jesuánicas que minimizan y reducen el impacto de esta revelación, y degradan la trascendencia de la identidad de Jesús en su tiempo.

En este proceso de reflexión de la palabra se va vivenciando con mayor énfasis el conocimiento de Jesús el Señor, como la clave de los acontecimientos de la existencia, en su matriz de crucifixión, muerte y resurrección.

Si obedeces los mandatos del Señor, tu Dios, que yo te promulgo hoy, **amando** al Señor, tu Dios, siguiendo sus caminos, guardando sus preceptos, mandatos y decretos, vivirás y crecerás

Lo fundamental: es un asunto de amor al Señor, de acción de gracias. Es el núcleo de esta transacción por encima del cálculo y del temor.

Por experiencia de vida, quienes se aman crecen, se enriquecen, se unen, ascienden a una calidad de vida superior.

No se enseña a amar, se contempla para alcanzar amor. Quien contempla mira y admira y se entrega.

La Palabra nos brinda así la clave de la antropología según el Señor: estamos hechos para amar y la libertad tiene un lugar eminencial para hacernos posible amar.

Entre las criaturas la libertad nos distingue. En la relación con el Señor y en la fraternidad, sin amor de ágape no se darán las condiciones de realización.

si tu corazón **se aparta** y no obedeces, si te dejas arrastrar y te prosternas dando culto a dioses extranjeros

Cuando nos devolvemos del extravío y del error, lo primero que se mueve y conmueve es el corazón, por cuyo apartamiento comenzó todo.

En los ejercicios ignacianos se nos inicia en el camino de la custodia del corazón ante las afecciones desordenadas.

Las malas hierbas hay que identificarlas desde pequeñas.

Tanto examen, recomendado al final de la oración y en ciertos momentos del día, son para empatizar con el pulso del corazón y consultar sus inclinaciones y tendencias.

Así trabajamos para que en algún momento no nos arrastre la afición desordenada que ha tomado fuerza en nuestra vulnerabilidad.

La tentación arrastra, si la dejamos. El corazón, donde la libertad cuece sus decisiones, es un campo de batalla, donde se suceden la persuasión y seducción.

La estrategia de la persuasión son las razones y los afectos, mostrar lo razonable que nos afecta. La seducción mueve pasiones.

Sin embargo esta simplicidad se convierte en complejidad, cuando la razón es acompañada por pasión, porque ésta es vulnerable a la persuasión, no menos que a la seducción.

Hay que entrar entonces en la profundidad de la pasión para detectar su signo.

Es lo que las reglas de discernimiento de Ignacio de Loyola en los Ejercicios Espirituales nos enseñan para la segunda semana, cuando el mensaje evangélico de Jesús de Nazaret nos entusiasma y apasiona.

En ese movimiento se puede colar el Seductor mal espíritu para un fin contrario al razonable.

Este proceso de decantamiento hacia el fin de la seducción puede tomar mucho tiempo de sutileza.

Elige la vida, y viviréis tú y tu descendencia, amando al Señor, tu Dios, escuchando su voz, pegándote a él, pues él es tu vida

Para elegir el amor que es vida esta donada nuestra libertad. Cuando la libertad no está vinculada al amor se trastoca en una pesada tiranía bajo la cual, si somos honestos, gemimos.

Se trata de un seguimiento de vida. Esa vida reviste una calidad distinta, un sentido diferente al mundano.

Solo que a través de esa clave, Jesús, vivenciamos en la existencia, que no se da un automatismo entre seguimiento y bendición con bienes temporales y materiales.

Porque la presencia del sufrimiento se planta como un enigma de misterio, que desafía ese automatismo y lo hace parecer una ecuación ingenua.

Aunque la ingenuidad es letal, porque muchos podemos naufragar la fe cuando cruzamos ese enigma mientras podemos alcanzar alguna luz y consuelo.

Salmo responsorial: 1

Dichoso el hombre

Para que no tomemos esta declaración como publicidad engañosa, hemos de profundizar en el sentido de la dicha del justo, quien no está exento de la persecución por la justicia.

Si no vivenciamos esta realidad corremos el riesgo de encallar la existencia de seguimiento de Jesús, el Justo.

Entonces el acusador tomará ventaja de nuestra perplejidad, como si no hubiéramos sido avisados, evangelizados por el kerygma de crucifixión, muerte y resurrección.

ni se sienta en la reunión de los cínicos

Es una época de cinismo generalizado, tanto en las viejas como en las nuevas generaciones. quizás cuando también lo fuimos y aun somos.

Así, no hay nada significante, ni noble y que valga la pena. Todo es sospechoso, incluso descalificable, como corrupto, imperfecto, malicioso, hipócrita, y no confiable.

El pozo de la desesperanza.

Ahora que la autoridad de la tradición está en entredicho, porque la revisión ideológica impone el descrédito de todo ejercicio de autoridad: padres, maestros, gobierno y demás, se aprecia la impiedad y el cinismo como virtud, porque se supone que desenmascara el poder injusto y opresor.

Por tanto el hombre y mujer que se empeña en seguir la ley del Señor lo tienen difícil.

Será como un árbol / plantado al borde de la acequia: / da fruto en su sazón / y no se marchitan sus hojas; / y cuanto emprende tiene buen fin.

En esa condición esta bendición se logra con sufrimiento: el sufrimiento del justo del cual nos da testimonio también la Palabra.

No así los impíos, no así; / serán paja que arrebata el viento

Incluso es posible que no veamos la derrota de nuestros enemigos, porque ya no los tendremos.

Jesús nos anima a perdonarlos, y así ya no existirán más.

Lucas 9,22-25

El Hijo del hombre **tiene que** padecer mucho, ser desechado por los ancianos, sumos sacerdotes y escribas, ser ejecutado y resucitar al tercer día

Este evangelio en particular con frecuencia utiliza el "tener que" que no significa un destino impersonal y fatal, sino un amoroso designio paterno.

Por eso hay una luz al final del túnel, cuando se menciona la resurrección como última palabra de este designio.

Ese padecimiento es la consecuencia de una lucha a favor del reino. No hay quien se sume a la intención del reino de Dios, que no sufra las consecuencias del anti-reino.

Como dice Teilhard se transforma la materia y en ella el hombre con su espíritu también, a través de las pasividades de disminución.

Aunque no muramos de martirio sangriento vivir el evangelio nos cuesta padecer con esperanza de resurrección.

Porque Jesús de Nazaret debió su sufrimiento a personas que no aceptaban la tradición a la que era fiel: la de su Padre.

En muchas confrontaciones Jesús alegaba interpretar con mayor fidelidad al autor de la Alianza: el Señor.

Lo anunció varias veces. Tres veces es muchas veces.

Los previno como colocando luces que se verían cuando la noche fuera tiniebla cerrada.

Esas luces serían, además de iluminaciones para la comprensión del enigma, fortaleza para el ánimo.

Se haría realidad en su seguimiento la dicha de la bienaventuranza sobre la persecución. Una dicha, un coraje y una fortaleza que venía de dentro, y no se confunde con la jactancia, ni la prepotencia, ni con ningún visaje triunfalista.

cargue con su cruz cada día

La custodia del corazón frente a las aficiones desordenadas no es un asunto meramente individual y de propiedad privada e íntima.

Afecta nuestra red relacional y por ende nuestra responsabilidad social.

Es la lucha contra la seducción aun en la búsqueda de lo mejor.

Más que una mortificación corporal debemos enfocarnos en la negación de la evidencia que nos presenta el acusador insistentemente, cuando sufrimos por alguna causa.

Su plan de batalla es impedir el seguimiento de Jesús, que implica afrontar la iniquidad y la injusticia, con amor profundo y creyente.

Quiere desanimar para que no sigamos confesando: Yo sé de quién me he fiado.

En Jesús comprendemos que se trata de la confesión del amor del Padre por encima de todo.

el que pierda su vida por mi causa la salvará

Esto es heroico cuando se trata de ir en contra de la mentalidad dominante.

Gastarse por un reino de justicia que no significa una igualdad matemática, que también puede fabricar la injusticia.

¿De qué le sirve a uno ganar el mundo entero si se pierde o se perjudica a sí mismo?

Porque el mundo y lo mundano tienen un dispositivo de autodestrucción, un programa de corrupción, seductor pero letal.

Tanto que en algún tiempo y todavía ahora, provoca la huida de ciertas personas para darle más espacio al evangelio de vida.

No se puede sobrevivir en la vida del Señor sin algún grado de odio al mundo apasionado por la seducción.

Esto le repitió Ignacio de Loyola a Francisco de Javier, cuando éste en su colmo de juventud y éxito, planificaba un futuro brillante.

Ignacio vertió vinagre, sin asco, en la conciencia infatuada de Francisco, afectando la lógica triunfalista y presumiblemente exitosa de su discurso.

Viernes después de Ceniza

Isaías 58,1-9ª

denuncia a mi pueblo sus delitos, a la casa de Jacob sus pecados.

Gobernantes y gobernados tienen sus propios pecados y la Palabra hecha voz los denuncia a todos, sin excepción.

Pueblo y Casa de Jacob pueden referirse al grueso de la población y a sus gobernantes. Las denuncias que actualmente escuchamos, y son de temas objetivamente importantes y con señalamientos enérgicos, se centran exclusivamente en los gobernantes. Como si la dinámica de corrupción pudiera afectarse con uno de los extremos, cuando la complicidad es de todos: mandantes y mandados.

Es como ausencia de autocrítica de la sociedad, y de los denunciantes que pertenecen a la misma, con lo que se levantan suspicacias sobre su sinceridad.

La denuncia bíblica se muestra más libre, imparcial e independiente a favor de los más débiles y vulnerables, que son los afectados, y perjudicados siempre por la corrupción.

El efecto sobre los que nada pueden muestra la malicia de la iniquidad. Los siempre aplastados, siguen siendo los más aplastados.

Consultan mi oráculo a diario, muestran deseo de conocer mi camino, como un pueblo que practicara la justicia y no abandonase el mandato de Dios. Me piden sentencias justas, desean tener cerca a Dios

Aparentemente, por el protocolo que emplean, parecen, pero no son. Solo simulan querer conocer al Señor.

Quizás sociedades seculares menos pródigas en expresiones de fervor y menos confesionales en sus leyes y prácticas, sean más justas y equitativas.

Somos de una simulación sutil, acudiendo al Señor para vivir la ficción de una conversión que no se resuelve en hechos tangibles. Nuestra hipocresía no es superficial sino constitutiva, esquizofrénica.

Mirad: el día de ayuno buscáis vuestro interés y apremiáis a vuestros servidores; mirad: ayunáis entre riñas y disputas, dando puñetazos sin piedad

Es preferible enfocarse primero en la conducta justa con los hermanos, pero todos, aun fuera de nuestro círculo acostumbrado de carne y sangre, pensamiento y cultura.

No que los ritos y los símbolos no tengan valor. Son necesarios, más por nosotros que por el Señor, quien no vive de ellos.

Nos recuerdan y traen la memoria la importancia de mantenernos leales en la conducta a la confesión expresada para que no se convierta en palabra vana.

Hoy vemos como una sed ardiente por la congruencia. Una desesperación por encontrar rectitud, que se expresa en tonos acusatorios y en burlas de lo sagrado y respetable.

No nos gusta porque parece injusta y mentirosa en algunos casos, pero la podemos tomar en cuenta como señales que llaman renovadamente a la conversión que se muestra en la congruencia vivida.

¿Es ése el ayuno que el Señor desea, para el día en que el hombre se mortifica?, mover la cabeza como un junco, acostarse sobre saco y ceniza, ¿a eso lo llamáis ayuno, día agradable al Señor?

Lo mismo se puede decir, transfiriendo el mensaje a la práctica externa y sin congruencia, de los sacramentos, repetidos incesantemente.

En la primera corintios Pablo reprende las eucaristías prostituidas por la comilona y la borrachera, y por la discriminación de los que menos tienen.

Es como un eco de estas expresiones de ayuno y penitencia que se desarrollan en medio de escándalos y peleas.

Las cosas buenas, los medios aptos pueden ser pervertidos durante su ejecución.

Como nos alerta Ignacio de Loyola sobre el proceso del pensamiento que de bueno puede parar en menos bueno y en francamente malo.

Abrir las prisiones injustas, hacer saltar los cerrojos de los cepos, dejar libres a los oprimidos, romper todos los cepos; partir tu pan con el hambriento, hospedar a los pobres sin techo, vestir al que ves desnudo, y no cerrarte a tu propia carne.

Desde la observación de los fenómenos sociales de masas actuales, se puede sentir que avanza una tendencia clamorosa a la queja, denuncia y señalamiento de situaciones de opresión e injusticia.

Los cepos que creamos y mantenemos con nuestra iniquidad activa y omisión pasiva

romperá tu luz como la aurora, en seguida te brotará la carne sana

Le damos tantas vueltas en consultas y estudios. Las reuniones de alto, medio y bajo nivel para hacer acuerdos no cesan. Multiplicamos las declaraciones, cuyo costo en séquito, viajes, alojamiento y esplendor resulta una paradoja.

Pero no brilla nuestra luz, porque actuamos individual y colectivamente como segundos binarios: damos algo pero nos reservamos más. Manipulamos.

Parece claro. Por qué no aprenderemos.? Por qué una revolución, si bien logra alguna mejorías, encalla en un programa similar de opresión? A qué se debe que las víctimas, ya en el poder, se conviertan en verdugos?

Entonces clamarás al Señor, y te responderá; gritarás, y te dirá: "Aquí estoy.""

> Para algunos efectos, en esperanza por ahora.

Salmo responsorial: 50

Misericordia, Dios mío, por tu bondad

> Porque no atinamos a salir de este laberinto de complicidad en el que nos hallamos pertrechados.
>
> Pensar que tal situación deviene hasta en patologías de salud mental, porque cómo negar que trastornos de todo tipo tienen en su raíz la insuficiencia en asumir la propia responsabilidad frente a la realidad que nos circunda.

por tu inmensa compasión borra mi culpa

> Purifica mi intención, nuestra intención. Ayúdanos a lograr el bien integral.

limpia mi pecado.

> Aspirar a ser limpios en tal forma que ya no seamos más verdugos, ni nos transformemos en ellos.

Pues yo reconozco mi culpa

> Reconozco que mi intención todavía no es pura

tengo siempre presente mi pecado

Esta forma mía de rehuir el compromiso del reino. Soy un evasor permanente en potencia y en acto.

un corazón quebrantado y humillado, / tú no lo desprecias

Quebrantamiento y humillación, por voluntad propia o venida de otras circunstancias, son verdaderas torturas para el Ego y sus ínfulas, para la conciencia de clase y sus proyectos, para la dominancia prepotente ubicada en los círculos de poder más altos y refinados, así como en las voluntades de poder individuales, que pasan por ser una inocente superación y realización, quizá a costa de otros más débiles.

Mateo 9,14-15

¿Por qué nosotros y los fariseos ayunamos a menudo y, en cambio, tus discípulos no ayunan?"

Con todo y la predicación de Juan, sus discípulos no habían quebrado con el liderazgo de Moisés, que era el oficial. Lo de Jesús era muy novedoso y movía el piso de las antiguas creencias.

pueden guardar luto los invitados a la boda, mientras el novio está con ellos?

Uno de los recursos de Ignacio en los ejercicios para disponerse a salir de la desolación, como ausencia del novio, es el ayuno y la mortificación.

No es que se active algún automatismo, de manera que si se ayuna desaparece la desolación. Sino que ayunar y hacer penitencia nos elevan el sentido del compromiso de la conciencia por un cambio de actitud, que puede impedir la presencia del novio.

Porque novio, como presencia del Espíritu de Jesús entre nosotros, está ofrecido en la fidelidad del Señor y su Palabra.

Somos nosotros los que lo perdemos de vista con frecuencia, y nos confundimos.

Vivir a plenitud el reino es vivir la actualidad de un festín de bodas, con el novio incluido.

Por lo tanto, hemos de trabajar con mayor intensidad para mantenernos en esa presencia y de tanto en tanto ayunar para recobrarla.

Llegará un día en que se lleven al novio, y entonces ayunarán.

Sin embargo el novio no se ha ido del todo. Permanece su Espíritu. Nuestro ayuno no es de duelo, sino la memoria de la pobreza, como forma de solidaridad.

Es el señor Jesús resucitado un novio llevado? Nos pone en situación de ayuno? O más bien en el proceso de ir resucitando con Él, porque nos encontramos vivencialmente con momentos de separación y momentos de cercanía?

Entonces el ayuno nuestro después de que Jesús fue resucitado no tiene el mismo sentido de luto, porque el vive para siempre y nosotros estamos llamados a hacerlo con Él.

Es más, no debe haber ayuno. Si acaso un llamado a la reflexión y profundización del proceso de muerte y resurrección en nuestras vidas.

Somos bautizados que vamos haciendo una existencia de muerte y resurrección en Jesús, y nuestro ayuno forma parte de esa dinámica de transformación para la nueva vida.

El ayuno que nos pide la tradición eclesial nos recuerda siempre que el hombre viejo no ha muerto, en todo caso agoniza. A pesar de los triunfalismos progresistas.

Sábado después de Ceniza

Isaías 58,9b-14

Cuando destierres de ti la opresión, el gesto amenazador y la maledicencia, cuando partas tu pan con el hambriento y sacies el estómago del indigente, brillará tu luz en las tinieblas, tu oscuridad se volverá mediodía

La zona de desarrollo próximo ha sido establecida por la Palabra de este oráculo, en el contexto de los exilados en Babilonia.

No obstante el tenor consolador en general de este profeta, se plantean exigencias de conversión para ver tiempos mejores.

Se exige una solidaridad con el necesitado de tiempo completo, no esporádica. Porque hasta que un hambriento sacie su hambre ha de invertirse mucho más esfuerzo que dar un mendrugo, sin menospreciar tampoco este gesto.

Se exige por tanto una mayor radicalidad en la entrega solidaria.

Por otro lado hemos de llegar a aceptar que no son condiciones para cumplir satisfactoriamente al cien por ciento. Porque la indigencia, por una u otra razón, no cesa.

Sin el Dios de las causas imposibles será muy difícil remontar la cuesta.

Este es el designio del Señor. Su programa de convivencia, Koinonia. Es el camino de la recreación. Es remontar la historia de iniquidad y transformarla en amor justiciero al estilo del Siervo.

Por eso el Siervo Jesús es hallado como la clave: su estilo concreto vivencial del Padre y existencial de servicio es la clave.

La comunidad eclesial hace sus gestos, continúa gestando y gesticulando, animada con el Espíritu del Señor Jesús, este designio en medio del mundo.

Desde esta trinchera en la que nos hemos ubicado, por error y acierto, por nuestra poca sabiduría, seguimos urgidos para mantener en el horizonte de la vivencia y en el curso de la existencia, el designio en clave del Siervo y como miembro de la comunidad convocada.

Acontecimientos que van sucediendo nos halan hacia áreas más abiertas a ese designio y menos domésticas y privadas.

Quizás al final que se acerca debamos preguntarnos: qué, cómo y cuanto hice por el designio en el mundo que me tocó existir?

manantial de aguas cuya vena nunca engaña

Un mundo como el nuestro, tan obsesionado por las aguas renovables, requiere un símbolo fuerte como el que nos presenta la profecía. El mundo no contaminado es también el fruto de una transformación de la iniquidad por el amor justiciero en clave del Siervo Jesús. Cuando la comunidad eclesial inicial etiquetó a Jesús como Siervo, se debió a una fe que reconocía e identificaba a Jesús como el transformador de la existencia para todos.

E hicieron todo lo que estaba a su alcance por participar de su Espíritu y transmitirlo.

Si la transformación anhelada se realiza definitivamente en continuidad de lo conocido o zarpando a lo nuevo desconocido, no lo sabemos en definitiva, porque la Palabra da pistas en ambos sentidos.

Podríamos decir que lo conocido ayuda a proyectar lo desconocido, con reservas.

La reserva escatológica.

reconstruirás viejas ruinas, levantarás sobre cimientos de antaño; te llamarán reparador de brechas, restaurador de casas en ruinas.

Nos habla de cómo a Él le interesan nuestros proyectos porque podremos reconstruir, restaurar, volver a levantar.

Es una dimensión ausente en el agnóstico o en el ateo: la de un ser amoroso al que le importamos y le importa que lo busquemos en sí y su prestigio.

de buscar tu interés, de tratar tus asuntos

La Palabra comunica un Señor que busca relación desinteresada, o más bien interesada en Él, su honra, su gloria.

Porque la santidad no está en el tiempo ni en el espacio por sí mismos sino en alejarse del propio amor, querer, e interés para alabar, glorificar y amar al Señor, dueño de todo.

Salmo responsorial: 85

salva a tu siervo, que confía en ti

Esta experiencia tiene tres marchas o fuerzas. Dos hacia delante, una hacia atrás.

La fuerza solicitada en base a la confianza depositada en el Señor, ha de irse ganando por la profundidad de la entrega a Él en su voluntad, en su proyecto y designio.

También ha de irse ganando en el desprendimiento de lo que estorba en esa dirección, de los apegos a las realidades que no son el Señor ni su designio.

También es posible retractarse o pausarse y echar para atrás en la entrega, provisionalmente o definitivamente.

Su tolerancia y acompañamiento compasivo en nuestras marchas es su compromiso, para que no se pierda la oveja, siquiera una, nunca.

soy un pobre desamparado

De riquezas, de amores, de seguridad, que aún no se resuelve a confiar del todo, porque seguimos teniendo miedo.

Señor, escucha mi oración, / atiende a la voz de mi súplica

Más que nada aquella oración en la que buscamos fortalecer nuestra confianza en las fuerzas que el Señor nos aporta para realizar una solidaridad más radical.

Lucas 5,27-32

Jesús vio a un publicano llamado Leví, sentado al mostrador de los impuestos

No lo vio arrepentido ya, sino en el ejercicio de su iniquidad: esquilmando a los paisanos, arrancando sus magros recursos, sin asco ni piedad. No era en ese momento alguien para canonizar.

El ver de Jesús de Nazaret no se detiene ante el que obra mal, sino que es capaz de hacer brotar un cambio de vida, de ese caos. El renueva el mundo corrupto o corruptible en sus agentes de opresión, incluso.

Un mensaje posible en la insistencia de Jesús de operar cambios en los actores de iniquidad y volverlos a sí, es mostrar el poderío sobre el mal y la estructura de dominación que oprime y aleja del Señor.

Es una forma de plastificar la eficacia del Reino de Dios, con un avance imparable, y derrochando amor por los enemigos del designio del Señor.

La mirada de Jesús va más allá de la etiqueta que clasifica al publicano en su odioso oficio de recaudar impuestos, de hacer presente al imperio, que oprime a este pueblo sometido hace ya mucho tiempo.

Hay un potencial de cambio a otro nivel en este publicano. Hay que darle la oportunidad. Eso hizo Ignacio con Francisco: le propuso un designio que retara su ambición a otro nivel

Él, dejándolo todo, se levantó y lo siguió

Pudo no hacerlo, y quedarse sentado sin escuchar la invitación. Es una forma de dramatizar la construcción del Reino, enfocando también el poder humano de decir sí o no.

Sería tan inmediato ese proceso de dejarlo todo para seguimiento, como nos hace sentir el relato? Probablemente no, al menos tal como lo vivenciamos en nuestra existencia.

Es más, nos levantamos para seguir al Siervo Jesús y regresamos por nuestras antiguas posesiones. Somos ambivalencia pura a pesar de nuestros buenos deseos. La radicalidad en la entrega no es lo común, sino en pocos. El común hacemos un lento aprendizaje. Y debemos tener como asistencia del Espíritu no dejar dormir el proceso del todo.

"¿Cómo es que coméis y bebéis con publicanos y pecadores?"

Porque la maledicencia sobre el Reino recurre a las circunstancias maliciosamente y temerariamente interpretadas. Es el juicio del mundo que condena según las apariencias.

Los otros eran pecadores, otros etiquetados como lumpen contaminante. Cómo despertar el potencial de la escoria? El potencial para el seguimiento?.

"No necesitan médico los sanos, sino los enfermos. No he venido a llamar a los justos, sino a los pecadores a que se conviertan."

Tampoco sirve de mucho a un enfermo dejar de cumplir el tratamiento, aunque se declare necesitado de médico.

Son realidades inter relacionadas: declararse enfermo, acudir al médico, seguir el tratamiento.

Porque si el tratamiento consiste en una solidaridad dedicada al necesitado, pero lo llevamos con poco compromiso, cuándo dejaremos de estar enfermos?

Según esto, los criticones, por ser justos o considerarse así, debían estar en lo mismo: sanando enfermos y perdonando pecadores. Pero más bien los han ubicado en un gheto, discriminando y condenando.

El justo en el reino que se construye es un pecador perdonado, que no olvida sus raíces y cómo llegó la salvación a su existencia.

Domingo 1 de Cuaresma

Génesis 2,7-9; 3,1-7

no comáis de ningún árbol del jardín?

Insidia, deformación del mensaje, suspicacia, desconfianza del enemigo de natura humana.

De nuestra parte, cuesta más confiar en el Señor y su salvación, que lo contrario, y nos impacientamos y desesperamos.

Sobretodo cuando estamos tocados por la constante calamidad y conflicto.

"No moriréis. Bien sabe Dios que cuando comáis de él se os abrirán los ojos y seréis como Dios en el conocimiento del bien y del mal."

El apetecible y terrible conocimiento vivencial y experiencial del bien y del mal, que sin la asistencia del Señor, se convierte en una cosecha amarga de redes de iniquidad.

apetitoso, atrayente y deseable, porque daba inteligencia;

En el mecanismo de la tentación lo sensible se pone al servicio de un valor, como una estimativa.

Si no se es consciente y no se provee un antídoto también sensible, es posible que no hay nada que se interponga en su perjudicial curso de acción, lo cual se verá después.

Entonces se les abrieron los ojos a los dos y se dieron cuenta de que estaban desnudos

Se opera entonces el conocimiento vivencial del bien y del mal, que determinará nuestra existencia histórica hasta el final.

Salmo responsorial: 50

lava del todo mi delito

Aunque las consecuencias sólo se podrán reversar en el tiempo en base a una conversión para una regeneración.

tengo siempre presente mi pecado

Es lo menos frecuente: tenerlo presente para que la contrición nutra el cambio de actitud.

crea en mí un corazón puro

anhelamos tener nuevamente un corazón que no sea solapado sino transparente frente a la corrupción.

Devuélveme la alegría de tu salvación

Este gozo que es un aliciente y apoyo para el camino, como la sombra del árbol en el sol ardiente de verano, cuando rechinan hasta las piedras.

Romanos 5,12-19

Por un hombre entró el pecado en el mundo

Más que nada señala que es con el ser humano que la iniquidad, endógena y exógena, hace su aparición en el mundo.

El ser humano, hombre y mujer, es el portador de ese virus de la autodeterminación humana.

Aun concediendo que esté muy averiada por influencias de diferente tipo, esa libertad produce decisiones proporcionadamente responsables.

Y así, hombre y mujer, no son solamente victimas sino también verdugos.

Cuanto más ahora, por un solo hombre, Jesucristo, vivirán y reinarán todos los que han recibido un derroche de gracia y el don de la justificación

Es Jesús el iniciador de la meta historia.

Una historia con una dinámica diferente, por la que se puede ir remontando la corriente de la iniquidad, la desobediencia, la red de corrupción, la injusticia, el pecado en suma.

Es un servicio regenerador a la averiada autodeterminación del hombre y la mujer.

Si por la desobediencia de uno todos se convirtieron en pecadores, así por la obediencia de uno todos se convertirán en justos.

El quid está en la actitud de obediencia. Obediencia de fe.

Una docilidad, que es una conquista del Espíritu en nuestra rebeldía enferma.

Una actitud de aprendizaje colaborativo, de asociación vivificante al designio.

Mateo 4,1-11

sintió hambre

Bajó a la realidad, o subió. Y salió de su éxtasis.

Ignacio de Loyola se refiere al momento post consolación, cuando entra el tentador, para desviar la revelación concedida.

Entra por lo sensible, que según Aquinate es el dominio del tentador.

Pero lo sensible se quiere transfigurar en el valor a conseguir, haciéndolo apetecible y estimable.

De ahí que Ignacio también haga énfasis en la educación virtuosa, en la asociación salvífica de lo sensible al designio y sus valores.

"Si eres Hijo de Dios, di que estas piedras se conviertan en panes."

Se le presenta a Jesús un desafío al sentido de su poder como Hijo de Dios: es una magia utilitaria para saciar instantáneamente el hambre?

"No sólo de pan vive el hombre, sino de toda palabra que sale de la boca de Dios."

En la oración que Jesús nos enseñó aparece la petición de un pan integral: para el hambre de cada día y para nutrir la nueva vida en el Espíritu.

Si eres Hijo de Dios, tírate abajo

"No tentarás al Señor, tu Dios.""

Tentado de omnipotencia, para desvirtuar la capacidad humana de la prudencia, por la que estima las consecuencias perjudiciales de sus actos, bajo el delirio de la asistencia irresponsable del Dios que nos fabricamos.

"Todo esto te daré, si te postras y me adoras."

La idolatría, el cambio de amo, el servir al mejor postor, es el fondo de todo, y donde desemboca la gran tentación, de la que nos vuelve a hablar la oración del Padrenuestro.

Es la gran tentación que cruza la revelación y nos hace conocer la Palabra.

Es el caos agazapado para engullir la creación que es buena.

Esa tentación nos acompaña hasta el final de nuestros días, casi como una mascota, pero hostil al designio, aunque se muestre amigable por trechos.

Al Señor, tu Dios, adorarás y a él solo darás culto."

El buen israelita Jesús en quien no hay dolo, ha emergido sano por el momento de la confrontación con el acusador.

Es nuestro paradigma, y nuestro asesor. Él nos prepara para la pelea y nos concede su Espíritu de una vida superabundante.

Ven Señor Jesús.

Lunes 1 de Cuaresma

Levítico 19,1-2.11-18

Seréis santos, porque yo, el Señor, vuestro Dios, soy santo

קָדוֹשׁ=qadosh=santo, puesto aparte, consagrado, sagrado, perfecto y libre de culpa

Se trata del proyecto para su pueblo, el del Señor: deben llegar a ser como Él, Santo.

Deberán por lo tanto, comportarse en una forma digna de Él, como Él.

Honradez y honestidad, amor a la verdad, justicia y misericordia, es su perfil eterno y para el cual somos llamados.

Así el proyecto trata de un modo de ser, una identidad, una ética.

La incongruencia, incoherencia, con o sin culpa, es una marca de nuestra humanidad, que nos hace suspirar y desfallecer por alguna realidad creíble, confiable, sólida, sin grietas, imperfecciones, medias verdades, o simulaciones.

Echamos de menos más santidad en nuestro Cosmos, porque aun lo que parece firme como la naturaleza y el universo, también da visos de imperfección.

En el ADN del universo parece inscrita la imperfección constitutiva que genera consecuencias perjudiciales.

La proclama de la Palabra es un desafío al pueblo, aun no creyente. Se trata de perfección o muerte, como consigna. Santidad o nada.

Y así vivimos matriculados en un proceso de ascensión, mal que nos pese, a la sombra del llamado a la perfección o al perfecto.

No robaréis ni defraudaréis ni engañaréis a ninguno de vuestro pueblo

La santidad debe expresarse como una conducta social bienhechora y no perjudicial. Nada de "humano lobo para el humano".

Nada se dice en esta asamblea, de los miembros menos favorecidos, que quizás podrían ser dispensados de esa conducta para que a través del engaño, el robo y la defraudación puedan sobrevivir.

Incluso entre los acogidos por Jesús, se hallan elementos que han perjudicado como los publicanos: gente odiada que recogía el tributo de ocupación de los romanos.

Incluso hay ladrones que lo acompañan en la hora de la muerte. Qué ha cambiado de la expresión de santidad como conducta social a Jesús? La conversión.

No al pecado: robo, fraude y engaño. Sí al pecador arrepentido.

No explotarás a tu prójimo ni lo expropiarás

Dañar a otro es ir en sentido contrario de la vocación humana inscrita por el Señor: santidad.

Teme a tu Dios.

Todas estas sanas conductas que se abstienen de hacer daño al vulnerable, al excluido, son solicitadas como muestra de que se teme al Señor. Es un temor que indica una sabiduría de vida, de convivencia, de comunidad. No es un temor de castigo. Nos da a entender que Dios es amor de convivencia y está donde nos amamos unos a otros activamente, y nos abstenemos de dañarnos

No daréis sentencias injustas

Todavía las impartimos en cualquier cultura. En esto no hay una cultura superior a otra, porque todas se han mostrado corruptibles.

En todas, aun en las del buen salvaje, se da la ausencia de

justicia en la aplicación de la justicia en nombre de la justicia.

No serás parcial ni por favorecer al pobre ni por honrar al rico.

Algo así debemos tener en cuenta para administrar la opción por los pobres.

No odiarás de corazón a tu hermano

Conflictos entre hermanos y desavenencias parecen inevitables. Discrepar es un aspecto del proceso de búsqueda de la verdad y un ejercicio de amor.

Pero si la discrepancia llega al odio de corazón, que puede venir por el daño que se nos inflige, no queda más que convertirse por medio del perdón al enemigo.

No te vengarás ni guardarás rencor a tus parientes, sino que amarás a tu prójimo como a ti mismo

El rencor es el odio del corazón, y se sabe que existe por el deseo de venganza, o al menos de compensación.

Sin embargo son algunos los que para librarse del odio en el corazón y la venganza dicen: lo dejo en manos de Dios. Se trata de abrir la puerta a un posible perdón, al que se ha hecho nuestro enemigo.

sino que amarás a tu prójimo como a ti mismo

Una regla de oro para normar todas las relaciones individuales y comunitarias.

Una clave para ser felices, porque la felicidad no es el fin sino la consecuencia de la santidad, que es el fin.

La Palabra nos convoca pues a una ética de contracultura que enfrenta a las que vive el mundo, para quien la felicidad se produce por el placer y la justificación de los caminos que nos lleven al mismo.

Salmo responsorial: 18

La ley del Señor es perfecta

Expresa un proyecto de perfección aunque la torcemos para la iniquidad.

la norma del Señor es límpida / y da luz a los ojos

La ética como norma de la conciencia no siempre coincide con la norma legal, o la sabiduría de los pueblos, apoyada en la presión, la sanción y la fuerza, pero incapaz de promover la santidad como fin.

De ahí nuestra frustración sin fin, constante, por el incumplimiento generalizado de la norma de la norma legal, la insatisfacción con la sanción y la represión.

Esa norma tiene que ser ayudada desde la norma ética de la Palabra, para que el corazón se ponga al servicio de la justicia.

Si no hay una ética trascendente desde un absoluto personal, ni la ética laica fundada en la sanción moral de una autoridad creíble, funciona del todo.

llegue a tu presencia el meditar de mi corazón,

Es lo que tú mismo nos inspiras con este reflexionar en tu palabra.

Mateo 25,31-46

como un pastor separa las ovejas de las cabras.

Funcionalmente se separan. No es deseable para un pastor tener cabras y ovejas mezcladas.

Son cabritos, en diminutivo, como figura de los que creen poco.

los justos le contestarán: "Señor, ¿cuándo te vimos

Sorpresa de recibir lo inimaginable que supera toda expectativa, por actuar con solidaridad.

Tanto que se pregunta uno desde ahora: por qué no hice más?. Porque saberlo ahora mueve a hacer más en solidaridad, por Jesús y por lo bueno que en él nos espera.

Porque tuve hambre y me disteis de comer, tuve sed y me disteis de beber, fui forastero y me hospedasteis, estuve desnudo y me vestisteis, enfermo y me visitasteis, en la cárcel y vinisteis a verme

Porque más importante, superior y perfecto es hacer bien al necesitado, que preocuparse por no hacer daño.

Son dinámicas ambas de santidad y perfección, pero Jesús de Nazaret expresa una dinámica proactiva, benéfica, de servicio de amor al necesitado.

Os aseguro que cada vez que lo hicisteis con uno de éstos, mis humildes hermanos, conmigo lo hicisteis

Hacerlo es cooperar con el proyecto ético y trascendente del Padre de Jesús, como nos enseñó personalmente

La ignorancia de la identificación de Jesús con el necesitado no impide que el Padre lo acoja como propio.

El seguimiento de Jesús y su ética puede ser sin conocerlo y sólo al final se sabrá.

El proyecto ético del Padre y del Hijo para todos y todas se centra en la necesidad del vulnerable, para empoderarlo y ascender hacia la santidad, para que alcance así la felicidad anhelada.

El bien hecho al necesitado, la solidaridad con el colectivo con carencias, es la concreción de la perfección del Señor, en proceso.

El vínculo de Jesús con sus humildes hermanos semeja una reencarnación.

Jesús está siempre entre nosotros, como un memorial, en sus-nuestros-humildes hermanos, formando un cuerpo, una colectividad, una sociedad de solidarios, en el espacio tiempo, como prolepsis o anticipo del juicio final.

Martes 1 de Cuaresma

Isaías 55,10-11

así será mi palabra, que sale de mi boca: no volverá a mí vacía, sino que hará mi voluntad y cumplirá mi encargo

Amén. Así será, así tenemos esperanza que sea.

Aunque no aparezcan los cambios favorables del designio del Señor en el corto tiempo, y aun en el prolongado.

Nos sostenemos los creyentes, nos colgamos de esta certidumbre, que también se opaca o aparece radiante.

Así es nuestro norte, el rumbo al que apunta nuestra navegación: hacia la Palabra cumplida o por cumplirse.

Una Palabra eficaz que logra lo que se propuso en su designio.

Pero una Palabra mediada que va por etapas y madura a su tiempo: lluvia que empapa, fecunda, germina, da semilla y pan.

Una Palabra que acompaña las etapas asegurando su eficacia y su maduración.

La fe en la Palabra nos provee de un ser en la realidad multiforme del mundo, de la vida, de la existencia, del Espíritu.

Se puede hablar de una paradoja: instalarse en la dinámica del Espíritu mediante una fe activa, alerta, abierta, flexible, esperanzada y amorosa.

Impresiona el alcance de la Palabra, por la abundancia de consecuencias benéficas y saludables que desata, saneando la corriente contaminante de la injusticia.

La palabra que siempre da fruto. No es ociosa. No para de laborar, no para de hablar, comunicar, interpelar, denunciar.

El habla humana en su diversidad, muestra la riqueza de esa constelación de significantes y significados.

En ello hay unidad de fondo, entre los propósitos humanos, los pueblos y sus culturas y el designio.

Salmo responsorial: 33

me libró de todas mis ansias

Las ansias o ansiedades, son esa tensión sorda que subyace en nuestra existencia y que no siempre logramos vivenciar y especificar.

Es el indicio de nuestra condición humana frágil y necesitada-nefesh- que requiere ser vigorizada y potenciada con frecuencia, porque si no desfallece en el andar por la senda de la vida.

lo salva de sus angustias

Profesionales de la salud física y mental señalan el estrés como una concausa que es importante en la génesis de la enfermedad y la infelicidad.

Casi no se dice nada de la fe en la Palabra eficaz en su peculiar dinámica de maduración, como contribución a un estilo de vida que aporta serenidad, gozo, comprensión, tolerancia y amor, como antioxidantes frente a la corrosión de la tensión y ansiedad contemporáneas.

Contempladlo, y quedaréis radiantes

Lo vemos si contemplamos. Con fe abrimos el corazón y nuestra profundidad más venerable y digna, a los signos de su presencia y actuar en favor nuestro.

Hoy se da una resistencia a contemplar por exceso de suspicacia. Es un comienzo de milenio crispado de recelo, inconforme, inquieto, ansioso.

Toda la ideología de la sospecha y la conspiración se ha concentrado y precipitado ahora.

Nos enturbia la contemplación del designio.

Como el sol que se nos pega a la piel y nos tuesta. Su calor y brillo se nos pegan. Así la gloria y el favor del Padre pule nuestra existencia y atrae a otros a su alabanza.

Mateo 6,7-15

como los gentiles, que se imaginan que por hablar mucho les harán caso

No se puede asegurar que eso haya dicho Jesús literalmente, porque puede ser cosecha del evangelista, que a su vez recoge el prejuicio cultural del judaísmo de entonces sobre los no judíos.

Como los llamados gentiles eran gente de muchos dioses y se fraccionaban en varias deidades, tal como tenemos todavía hoy en entre algunos pueblos, multiplicaban sus ruegos entre varios intercesores.

Aun hoy en nuestra religiosidad popular vemos creyentes que se multiplican entre diferentes advocaciones buscando la más propicia y pertinente para la ocasión.

Sin embargo la fe judía en su monoteísmo puro había simplificado el trámite de las rogativas, porque sólo tenía al Santo de los Santos para invocar.

Pero Jesús en medio de la cultura aporta su propia experiencia de relación con el Dios único. Es su Padre a quien podemos llamar nuestro.

pues vuestro Padre sabe lo que os hace falta antes de que lo pidáis.

Jesús de Nazareth es una persona que expresa su vivencia del Padre a cada paso.

Vive instalado en una dinámica: su confianza ciega en su Padre.

Y así nos comunica una divinidad que antes que nada se dispuso a escucharnos. Antes que salga nuestra palabra hacia Él, ya nos entregó la suya, dando a entender que nos está escuchando.

Sabernos escuchados aun antes de que clamemos nos elimina el estrés, la ansiedad gentilicia frente a una divinidad sorda.

Moisés reveló un Dios en el éxodo que escuchó el clamor del pueblo.

Jesús nos revela un Padre que antes de clamar nosotros, ya escuchó.

Un extremo es la garrulería: hablar intensamente para obtener algo. Otro es la confianza, que deja en su conocimiento nuestra necesidad.

"Padre nuestro del cielo, santificado sea tu nombre, venga tu reino, hágase tu voluntad en la tierra como en el cielo, danos hoy el pan nuestro de cada día, perdónanos nuestras ofensas, pues nosotros hemos perdonado a los que nos han ofendido, no nos dejes caer en la tentación, sino líbranos del Maligno

Esta es nuestra sustancia de fe, donada por la Palabra del Señor, la cual no necesita comentario, sino contemplación.

Porque nos sorprende con su escucha, nos dirigimos a él apoyados en las actitudes de Jesús, que nos hace saber en el Padrenuestro.

Que se den estas constantes en nuestra oración y la prelación que se muestra, es suficiente. Lo que pasa de ahí es ansia, desconfianza, mal espíritu, incluso en algo bueno.

Porque si perdonáis a los demás sus culpas, también vuestro Padre del cielo os perdonará a vosotros. Pero si no perdonáis a los demás, tampoco vuestro Padre perdonará vuestras culpas

Eso sí es nuestro. Una clave para que se mantenga la familia sana. Porque no hay exclusividad individual sobre el Padre, ni debe haber envidia y celotipia con el hermano.

Y así, si no perdono al hermano, el Padre no me perdona. Porque la unidad la hace el ágape entre Padre y hermanos.

Ningún hermano merece odio, separación, estigma, venganza, explotación en esta hermandad universal.

Hay que reconocer con honestidad, que a la vista de tanta desunión humana, no hemos aprendido el Padre Nuestro.

Aprendemos también en Jesús que no sólo es cuestión de clamar, sino también de expandir este reino nuevo perdonando, fraternizando, amando.

Miércoles 1 de Cuaresma

Jonás 3,1-10

Vino la palabra del Señor sobre Jonás

"¡Dentro de cuarenta días Nínive será destruida!"

Uno es el origen, la autenticidad, la autoridad, la fuerza de la Palabra. Otro es el agente, la voz que se presta, el emisario, portavoz, o profeta que anuncia la misma.

Otro el contenido, el mensaje, el significado pertinente: aquí y ahora.

Esta conjunción de variables puede hacer todo el asunto muy complejo y demandar un prudente discernimiento.

Porque hoy, en la actualidad, se dan anuncios del fin del mundo que algunos atienden, y si suceden no se sabe, ni se nota, y más bien los agentes se desprestigian.

Quizás los significados de fin del mundo deban abrirse a otras denotaciones: fin del mundo físico o universo, fin de un orden conocido, fin de una hegemonía política, social o cultural.

En un sentido traslaticio se van dando en la historia varios fines del mundo: fin de la monarquía absoluta, fin de la esclavitud.

Pero serán fines en realidad o mutaciones? Una organización u orden puede finalizar tal y como está constituida, pero da paso a otra modalidad de poder, hasta peor. Así ha pasado con algunas revoluciones.

Pero la Palabra a través de su agente, cuando es auténtica, despierta una esperanza de cambio y concita una fe sólida, que afina la intuición, para un fin del mundo según el Espíritu.

que se convierta cada cual de su **mala vida** y de **la violencia** de sus manos;

quizá se arrepienta, se compadezca Dios, quizá cese el incendio de su ira, y no pereceremos

Porque no es magia, ni automatismo, ni se da por descontado que los gestos de conversión, son en realidad conversión auténtica. Incluso en ello debe intervenir su misericordia: en ablandar nuestro corazón.

Porque hoy como ayer para muchos, darle espacio al Señor en la consideración de los acontecimientos es una señal de fe débil, e interesada y hasta mágica.

Porque se sostiene una imagen de Dios que lo mantiene distante. Amoroso pero distante. No involucrado ni interviniente.

Hay una mala y defectuosa reflexión del Misterio y Trascendencia del Señor.

Porque quien parece distante también es cercano. Quien es misericordioso, también es exigente.

Jesús plasma con cercanía y proximidad únicas, este misterio del Padre.

Creyeron en Dios los ninivitas; proclamaron el ayuno y se vistieron de saco, grandes y pequeños

Con el terremoto, maremoto y continuas réplicas en Japón, una de sus centrales nucleares ha estado en crisis. Tanto, que alguien ha denominado "apocalipsis" a esta crisis que puede ser de grandes proporciones.

Hay otras calamidades en otros lugares, y muchos ven la mano del ser humano detrás de ellas, en una u otra forma, por irresponsabilidad, ambición, codicia, injusticia.

Qué decimos los creyentes? O los que así nos consideramos? Somos creyentes para asumir estas realidades como señales para una conversión? Estamos a tiempo para ello? Será que la conversión deba ir más allá de la exclusiva actitud individual? Hacia una mayor equidad en las riquezas de los pueblos y sociedades?

vio Dios sus obras, su conversión de la mala vida; se compadeció y se arrepintió Dios de la catástrofe con que había amenazado a Nínive, y no la ejecutó.

Más que la Palabra en oráculo del profeta, este texto y libro es una narración o ficción de sabiduría sobre un tipo de profeta que no entiende el Misterio del Dios de Israel y termina aprendiéndolo.

Así es nuestra fe con esperanza, esperanza contra expectativa, que va domando nuestra rebeldía ante el Misterio del Padre, presente en nuestra historia, hasta que lo aprendemos a lidiar, soportar, tolerar y por fin amar.

En la narración de Jonás, que ubica su predicción en Nínive capital del Imperio Asirio, en su momento de poder imperial, hasta el rey termina convirtiéndose al Dios de Israel.

No hay trazas históricas de una tal conversión colectiva. Se trata de un sueño, de un deseo.

Pero es revolucionario para los tiempos en que Israel hace su reflexión sapiencial, dos o tres siglos antes de Cristo.

Porque habla del perdón infatigable de Dios, quien siempre apuesta por él y que éste alcanza también a los no israelitas, a los paganos, contra toda la opinión pública que condena a los gentiles impuros.

Jesús muestra en los evangelios ser sensible a estas proclividades del perdón y la apertura, porque las enfatiza en su predicación.

Puede ser que la conversión no dure gran cosa. Pero se hace con buena voluntad y deseo sincero.

La debilidad dará al traste muchas veces los mejores deseos. Sin embargo lo que debe permanecer en pie es su misericordia eterna y nuestra fe en su asistencia permanente.

Salmo responsorial: 50

Misericordia, Dios mío, por tu bondad

renuévame por dentro con espíritu firme;

La firmeza que requerimos para avanzar, siquiera un milímetro en la dirección pertinente.

Mi sacrificio es un espíritu quebrantado; / un corazón quebrantado y humillado, / tú no lo desprecias

En nuestro mundo se dan contrastes.

Unos que se sostienen en una opinión que condena a individuos y grupos, cuyas acciones son condenables y punibles.

Otros que lavan su imagen hasta el extremo de no admitir sus culpas, para no verse humillados y dar así la razón a sus oponentes.

Hay miedo a perdonar y a pedir perdón en casos concretos. Quizá en teoría pensemos que no es así.

Porque al hacerlo perdemos imagen, que en nuestro ethos epocal es más importante que la identidad.

Un fe sólida se construye sobre la muerte permanente de la propia iniquidad e injusticia. Sin ello no es posible un cambio verdadero.

Por el llanto y el arrepentimiento. Pero también porque preferimos otro enfoque, otra visión, otra lógica, otro Logos: Jesús, su crucifixión, muerte y resurrección.

Lucas 11,29-32

la gente se apiñaba alrededor de Jesús

En los evangelios se dan detalles descriptivos incidentales, que revelan en su brevedad, mucho sobre Jesús y su impacto en las personas.

A Jesús se lo comían vivo. Se esperaba mucho de él. Las gentes adherían a su persona, en su permanente necesidad de todo: enseñanza, pan, afecto, sanación.

Ha pasado esta vigencia de Jesús, ha expirado? Lo que nos entrega la comunidad de creyentes a través del tiempo no corresponde más a la descripción que ahora leemos? Aún es tiempo y es oportuno rodearlo con nuestros anhelos y sueños, y necesidades? Será entonces por eso menos valiosa y auténtica nuestra fe en él?

Esta generación es una generación perversa. Pide un signo, pero no se le dará más signo que el signo de Jonás

Mucho se le demandaba a Jesús de Nazaret con el apiñamiento alrededor suyo. Quizás hasta se oye con gusto, a pesar de no pretender cambiar en nada.

Sólo los que entran en el misterio pascual de Jesús: muerte y resurrección, logran entender y sumarse al verdadero cambio.

Sin embargo hay un caveat, cuidado. No toda adhesión es de buena ley, puede pervertirse, si echa fuera de sí la consideración de la crucifixión, muerte y resurrección del Señor Jesús.

En el Señor se da mucho más que el pan y el bienestar de este mundo. Su propuesta es una vida integral, trascendente, completa. Un morir, entregar una vida, para vivir otra mejor.

ellos se convirtieron con la predicación de Jonás, y aquí hay uno que es más que Jonás

Nuestra dureza de corazón para convertirnos con la buena nueva del reino es demencial, cuasi patológica. Causa el asombro del mismo Jesús.

La resurrección de Jesús puede llegar a ser, cuando es creída, el sentido de la existencia humana y la entrada en el Misterio del Padre.

Apiñarse junto a Jesús y no cambiar de vida es un contrasentido, una perversión. Y no prevalecerá.

Jueves 1 de Cuaresma

Ester 14,1.3-5.12-14

temiendo el peligro inminente, acudió al Señor

El temor está de vuelta. Hace poco parecía un dogma la declaración, sobretodo sicológica sobre el temor, remordimiento y culpa. Eran signos inequívocos de trastorno e inmadurez. El imaginario sicoanalítico lo ponderaba como un estorbo para el crecimiento.

No sabemos si este tipo de influencias en la transmisión divulgada hayan hecho el efecto dañino de minusvalorar las personas y aumentar el trastorno sicótico, porque hoy parece que la vida humana en ciertas regiones no vale mucho, y segarlas no produce ni hipo.

Sin embargo se vuelve a apreciar que una dosis de remordimiento y culpa, de temor, ayuda a la prudencia, y en caso de falta, a la satisfacción del daño.

En las reglas para discernir espíritus de los ejercicios de San Ignacio de Loyola el temor y la culpa tienen valencias diferentes según su origen: buen y mal espíritu. Y según el contexto: de mal en peor bajando, o de bien en mejor subiendo. Bajando la ancha vía de la perdición, y subiendo la estrecha senda de la salvación. Imágenes clásicas para referirse al estilo de vida en el que sobretodo priman los intereses egoístas o al que invierte esfuerzos constantes en superar ese egoísmo.

Por lo tanto lo mejor es enfrentar el temor en el contexto de la misericordia del Padre, y orar por la sabiduría que nos da su Espíritu para conocer el signo y la solución al mismo.

Desde mi infancia oí, en el seno de mi familia, cómo tú, Señor, escogiste a Israel entre las naciones, a nuestros padres entre todos sus antepasados, para ser tu heredad perpetua; y les cumpliste lo que habías prometido

El judaísmo creyente aseguraba y mantiene todavía una tradición sobre la maravilla de un Dios que que ha liberado y se mantiene dispuesto a seguir liberando.

Es una plataforma que sostiene un sentido de vida, una cierta felicidad espiritual, que nos ofrece un resguardo y consuelo en el malestar existencial ocasionado por los problemas.

Es cierto que otros no parecen necesitar ni echar de menos de tal tradición y sentido de fe.

Pero los que lo tenemos podemos gozarnos de un activo que es favorable, positivo y constructivo.

Salmo responsorial: 137

Te doy gracias, Señor, de todo corazón

Solo una convicción de fe basada en tal tradición tanto para judíos como para cristianos, hace posible entender que infantes puedan recibir algún sacramento, cuando no pueden aún discernir.

Lo contrario, si se elige, es como poner en paréntesis y suspenso la fe de vida corriente que empeñan sus padres en todo lo que hacen por la familia. De esa fe beben sin sentir esos infantes.

Daré gracias a tu nombre, / por tu misericordia y tu lealtad; / cuando te invoqué, me escuchaste, / acreciste el valor en mi alma

La bendición de mano del Señor nos provee de fortaleza y paciencia, entre otras cosas, para soportarnos en nuestra debilidad e inseguridad.

Mateo 7,7-12

quien pide recibe, quien busca encuentra y al que llama se le abre

En Jesús se nos fortalece esa tradición de la que brotará la confianza para orar y la esperanza para recibir.

Porque él vivió desde su infancia, un estilo de vida de fe que lo alentó posteriormente, a profundizar la relación con el Señor a quien llamó papito y en quien confió, hasta su trágico final.

Como el viento que empuja las velas de un navío, e incluso es factor determinante en una nave aérea moderna, facilitando o ralentando, así es el Espíritu que viene del Señor, dando paz y seguridad y paciencia en su designio.

si vosotros, que sois malos, sabéis dar cosas buenas a vuestros hijos

Porque sólo el Padre es bueno y ni Jesús acepta ese apelativo. Así el contraste es mayor, ya que si somos imperfectos e incongruentes en alguna medida, pero cuando se trata de hijos y allegados accedemos a sus peticiones, cuanto más el Padre que no tiene sombra que opaque la bondad

dará cosas buenas a los que le piden

A quien lo pida aunque no sea bueno. En otra versión dará su Espíritu.

Porque es su Espíritu en su accionar en nosotros, quien nos ayuda a ver la acción del Padre en nuestras vidas como buena, y a satisfacer nuestro anhelo más profundo.

Viernes 1 de Cuaresma

Ezequiel 18,21-28

Si el malvado(rasha:impío) se convierte de los pecados cometidos y guarda mis preceptos, practica el derecho y la justicia, ciertamente vivirá y no morirá.

No se exalta al criminal, ni al pecador, sino su conversión. Y lo que muestran los evangelios: es a pecadores condenados por la sociedad, por incurrir en una situación o coyuntura pecaminosa, sin considerar la potencialidad de conversión que tiene, a lo largo de su existencia.

El juicio final corresponde a Dios. A nosotros nos corresponde la conversión, para vivir definitivamente.

Nuestro asunto es la conversión. De eso trata la buena nueva: hay oportunidad para la conversión y para la vida, aunque seamos malvados.

¿Acaso quiero yo la muerte del malvado -oráculo del Señor-, y no que se convierta de su conducta y que viva?

Su designio es que todos vivamos, cuando nos convirtamos del pecado por pecadores.

Si el justo se aparta de su justicia y comete maldad, imitando las abominaciones del malvado, ¿vivirá acaso?; no se tendrá en cuenta la justicia que hizo: por la iniquidad que perpetró y por el pecado que cometió, morirá.

Tan generoso con unos: el malvado que se convierte. Y aparentemente tan mezquino con otros: el justo que peca.

Entre los humanos tenemos ejemplo de ambos en algunas oportunidades. Por ejemplo cuando alguien obra mal, clamamos por una segunda oportunidad para él o ella.

Y cuando alguien obra mal, también clamamos por su extinción prácticamente, como el caso reciente de los curas pederastas.

Pero Jesús de Nazaret va más lejos y habla de setenta veces siete otorgar el perdón al hermano. Lo cual debe reflejar el perdón del Padre.

Esto fundamenta la esperanza en una instancia que no es apasionada e interesada como nosotros sino más justa, que sabe cómo regenerarnos.

Porque no somos ni permanecemos justos por herencia ni títulos ganados, sino por la justicia que constantemente actuamos, y por la conversión que nos devuelve la justicia del Señor, su justificación.

Cuando el justo se aparta de su justicia, comete la maldad y muere, muere por la maldad que cometió. Y cuando el malvado se convierte de la maldad que hizo y practica el derecho y la justicia, él mismo salva su vida.

No se descarta que el Señor no tenga nada que hacer frente a nuestra decisión y responsabilidad de darnos a nosotros la vida o la muerte, según la justicia o iniquidad con la que obramos.

Salmo responsorial: 129

Desde lo hondo a ti grito, Señor;

La existencia, las circunstancias de la vida, lo que va aconteciendo nos va ubicando, en diferentes periodos de maduración, en coyunturas de hondura, desde las cuales clamamos.

Nos la pasamos clamando, pero no siempre ni a la primera, con total hondura. Por que este clamor es la aceptación de que el Señor es único, el único. Es la vida, de sentido y significado, que eventualmente se desdibuja.

Nos recomienda el evangelio entrar en lo secreto para orar. Allí donde se mueven los pensamientos más íntimos, los anhelos más apegados, en la fibra del alma, y lo recóndito del corazón.

Si llevas cuenta de los delitos, Señor, / ¿quién podrá resistir? / Pero de ti procede el perdón, / y así infundes respeto

El fondo del clamor: la conciencia de nuestra distancia, de nuestro desvío, de haber dañado la relación más fundamental de la existencia. Pero también, en paradoja, la vivencia de que no tenemos dónde más ir.

de ti procede el perdón, / y así infundes respeto.

No lo impones por castigo y severidad. Sino por misericordia ganas nuestro respeto y glorificación.

Mi alma espera en el Señor, / espera en su palabra; / mi alma aguarda al Señor

Estamos esperando tu día, que es el de nuestra liberación.

De allí surge como manantial la fuerza para esperar. Porque la paciencia es una fuerza más que una pasividad.

Porque del Señor viene la misericordia, / la redención copiosa

Tantos siglos de revelación de la Palabra a esto conspiran: al designio de misericordia.

Mateo 5,20-26

te acuerdas allí mismo de que tu hermano tiene quejas contra ti

vete primero a reconciliarte con tu hermano, y entonces vuelve a presentar tu ofrenda

La reconciliación fraterna es una señal que nos damos, para para lograr entrar en la audiencia del Señor y ser escuchados en nuestra plegaria.

Nuestra oración se sitúa en la fraternidad, tal como lo dice el Padrenuestro: perdónanos nuestras deudas como nosotros perdonamos...Así mostramos nuestra disposición a reconocer que somos hermanos y que Dios es padre de todos, y que reconocemos esa paternidad.

He aquí el sacramento y el signo de lo que encontramos en el Señor. Su misericordia está vinculada a nuestra capacidad de reconciliación. Nos los marca el Padrenuestro.

Sábado 1 de Cuaresma

Deuteronomio 26,16-19

Hoy te manda el Señor, tu Dios, que cumplas estos mandatos y decretos

Frente a nosotros la vida diaria cotidiana que se da hoy. El hoy es nuestro capital de trabajo e inversión único. Podrá haber temores pasados, expectativas futuras. En todas ellas el anti-reino se cuela para fastidiar el hoy.

Así que debo concienciar que hoy, todos los días hay un hoy, se da un mandato misión del Señor que no tiene que ver con sus intereses egoístas, sino con nuestros intereses de salvación. Los mandatos son para nuestra felicidad, renovados hoy.

Guárdalos y cúmplelos con todo el corazón y con toda el alma

No es el espíritu de los tiempos actuales guardar y cumplir preceptos con el corazón y el alma.

Lo que aparece mediáticamente es la protesta, la rebelión, el desafío contra toda autoridad instituida.

Está de alza el agnosticismo que equivale a proceder igual con la autoridad divina.

Es decir, si existe, no se puede saber ni conocer, porque cualquier representante institucional de una divinidad es sospechoso de corrupción.

Queda un vacío que hay que llenar, porque el corazón y el alma tienden a la obediencia, así sea en parte de su afectado corazón, por los repetidos infartos que aportan las circunstancias de la existencia.

No es verdad que seamos todo independencia, autonomía, autodeterminación, porque con frecuencia al deliberar, con lo que los determinismos nos dejan de libertad, miramos en todas direcciones para buscar una señal que nos ayude a decidir sin equivocarnos.

En esa búsqueda cualquier fuente parece adquirir sentido: horóscopos, esoterismo, ocultismo, religiones primitivas con pocas instituciones conocidas, el territorio quimérico de la inspiración u oráculo de la divinidad y otras.

Y así el tejido de la opinión común que fragua una identidad, se va deshilachando en diversidades de incomunicación: la babel rediviva. La muerte de la comunión.

Parece oportuno resaltar como cierta la Palabra sobre los

preceptos y su obediencia o desobediencia. Una vía conduce a la vida, otra a la muerte.

Hoy te has comprometido a aceptar lo que el Señor te propone

Hoy también, el hoy de cada día, nos renovamos en la intención y voluntad de compromiso con el Señor y su mandato.

Eso sí podemos hacer: renovar diariamente el compromiso de aceptar su mandato.

Siempre y cuando no nos desanimemos por las infidelidades de ayer, y el pesimismo de mañana. Porque sólo tengo el hoy.

guardarás todos sus preceptos, que él te elevará en gloria, nombre y esplendor, por encima de todas las naciones que ha hecho, y que serás el pueblo santo del Señor, como ha dicho

En la historia bíblica de Israel se dieron bendiciones y maldiciones, si así se pueden llamar sus logros y fracasos.

Pero es más complicado que eso, porque los inocentes que también contribuían con su rectitud a los logros, tomaban parejo en los fracasos. Y para ellos sólo hubo un consuelo: la Palabra que les ayudaba a reconciliarse con su situación crucificada, el gozo de entenderla y aceptarla en tales condiciones, y la promesa de un futuro mejor. Ellos aprendieron a seguir viviendo en rectitud, a pesar del abandono al que eran sometidos por las circunstancias adversas.

Y muchos aprendieron, nos lo pone la Palabra como ejemplo, a desvincular la voluntad salvífica del Señor de esas aciagas circunstancias.

Toda una conversión de una divinidad a otra.

Salmo responsorial: 118

Ojalá esté firme mi camino, / para cumplir tus consignas

El camino son las circunstancias que se van presentando en mi caminar. Su firmeza, como don del Señor, consiste en la favorabilidad para guardar los preceptos. No siempre es así. Y por eso necesitamos su favor para que en cualquier circunstancia estemos firmes.

Pero firme es también la calidad de nuestro caminar, cuando nuestra convicción se mantiene en la fidelidad a su voluntad.

Esa disposición interna también requiere su auxilio para que nuestra debilidad no prevalezca.

Quiero guardar tus leyes exactamente, / tú, **no me abandones**

No ser abandonados en el sentido que nos da la Palabra a los fracasos de la existencia, no obstante nuestra conducta obediente.

Nos enseña que siempre estamos lejos de ser perfectos como el Señor, pero que su misericordia nos ama como somos y nos perfecciona en la docilidad a su designio.

Mateo 5,43-48

Amad a vuestros enemigos, y rezad por los que os persiguen

Somos sacramentos del amor del Padre cuando llegamos al extremo del amor al enemigo. En esa coyuntura la cultura introyectada en nosotros, con sus valores de autoafirmación malentendida nos sugiere la revancha y el castigo a la insolencia.

Así que perdonar y amar al enemigo es más bravío que no hacerlo y desquitarse, porque voy en contra de mí mismo. Entonces acepto morir para dar vida.

Debo pues mirar de frente la humillación que sentiré por ser considerado tonto y débil, aun por los más allegados.

Los cristianos de la comunidad de Mateo sentían y vivían la persecución en varios sentidos. Ellos eran los más apegados y parecidos a los judíos, en sus costumbres y prácticas. No entendían que en su comunidad latía algo nuevo y que la persecución por aceptar a Jesús de Nazaret era el síntoma doloroso del alumbramiento a una novedad.

Sus perseguidores eran más que victimarios, eran sus parteros. Maduraban la separación y el destete de la comunidad mateana de su matriz judío palestina.

que hace salir su sol sobre malos y buenos, y manda la lluvia a justos e injustos.

Su guía buscaba alentarlos a convertirse aún más, para ser como el Padre que no discrimina.

¿qué premio tendréis?

Lo que viene en nuestro auxilio para fortalecernos es el convencimiento del reconocimiento que nos hará el Señor. Humillarnos al amar al enemigo es depositar un tesoro donde no se perderá: en el Señor.

La sicología actual diría que eran unos infantiles buscando premios. Pero tener acceso a la comunión con el Padre no es poca cosa, aunque no seamos tan adultos y maduros como para no buscarla.

sed perfectos, como vuestro Padre celestial es perfecto

Es nuestra marca e identidad. Pertenecemos a una familia que busca tener la calidad del Padre, así como Jesús lo hace.

Domingo 2 de Cuaresma

Génesis 12,1-4ª

Sal de tu tierra y de la casa de tu padre, hacia la tierra que te mostraré

Esta promesa es hoy el fundamento de una lucha de pueblos: palestinos y judíos.

Y detrás de ellos otros pueblos que apoyan por sus propios intereses: Estados Unidos y Europa por occidente y Árabes Musulmanes, Rusia, China, Irán por Oriente, con algún eco de Latinoamerica.

Es decir, alineamiento de los más desarrollados. En un tercio débil algunos países son menos radicales y plantean la multipolaridad pacífica como Brasil, Paraguay, Uruguay en La y en otras partes.

Lucha de pueblos, alineamientos, alianzas, facciones radicales y moderadas en pugna.

Pero la promesa del Señor a Abraham, contra las apariencias no es geopolítica, y su elección es para el poder de la alianza de salvación sobre otros pueblos.

Su llamada a Abraham es para abrirle un camino nuevo, más allá de esos odios y competitividad por el poder, porque esos callejones sin salida que nos inventamos los humanos en nuestra ebriedad de prepotencia, son callejones sin salida.

Abrán marchó, como le había dicho el señor

Escueta y breve la descripción de la Palabra sobre el obrar de Abraham, quien escucha la propuesta del Señor y la pone en práctica.

Salmo responsorial: 32

él ama la justicia y el derecho

No nos convoca para la guerra y la opresión

Nosotros aguardamos al Señor: / él es nuestro auxilio y escudo

En formas quizás muy humildes y casi desapercibido aparece para proteger y salvar, como Go`El justiciero pero no violento.

2Timoteo 1,8b-10

sacó a la luz la vida inmortal, por medio del Evangelio.

Qué pensamientos, ideologías y religiones han ofertado la vida inmortal y a través de qué medios y recursos? Frente a ellos cómo se siente y aprecia nuestra oferta en Jesús de Nazaret.?

Mateo 17,1-9

se transfiguró delante de ellos

Señor, ¡qué bien se está aquí!

llenos de espanto

Levantaos, no temáis

No contéis a nadie la visión hasta que el Hijo del hombre resucite de entre los muertos."

Lo pone el evangelio como una justificación si se quiere, de algunos que entendieron el cambio en la relación de Jesús con sus seguidores, porque estaban fundamentados en una vivencia de transfiguración previamente.

Habían sido preparados para entender y explicar una novedad, porque lo que sucedió con Jesús después de su muerte quebraba todo esquema que había estado orientado a tomar en cuenta la vida inmortal como una realidad después de morir, tanto entre los judíos como en otras culturas.

Ahora se presenta un anticipo de esa vida nueva en la transfiguración de Jesús de Nazareth.

Lunes 2 de Cuaresma

Daniel 9,4b-10

eres leal con los que te aman y cumplen tus mandamientos

Pero eres mucho más que eso: el que llueve sobre justos e injustos.

No hicimos caso a tus siervos, los profetas, que hablaban en tu nombre a nuestros reyes, a nuestros príncipes, padres y terratenientes

También se hace caso. Hay personas, colectivos, movimientos creyentes que hacen caso. No es la rebeldía cacareada la más vigente, porque también hay docilidad, obediencia de fe, entrega de buena voluntad.

El campo de labranza del Señor tiene diferentes tipos de buena cosecha, y también mala hierba.

En la actualidad no le hacemos mucho caso a los dirigentes. Presumimos de una libertad que afirmamos viene de ti, y que está por encima de los mandatos humanos.

Nos apoyamos también en tu Palabra y en tu palabra encarnada: Jesús de Nazareth, porque vemos en él el paradigma de esa rebeldía en nombre tuyo.

Sin embargo no todos estamos de acuerdo con esa postura y somos etiquetados de tradicionales y conservadores, de revisionistas y de retardatarios.

Es como una olla de grillos, y se nos dificulta escuchar tu Espíritu y convertirnos de corazón.

nos abruma la vergüenza: a nuestros reyes, príncipes y padres, porque hemos pecado contra ti

En particular cuando nos enfrentamos al resultado de nuestras acciones dañinas, perjudiciales a otros, sobre todo inocentes.

Cuando caemos en cuenta de las víctimas de nuestra desviación, error, mala fe.

Porque seguimos pecando contra ti. No obstante tu perdón.

pero, aunque nosotros nos hemos rebelado, el Señor, nuestro Dios, es compasivo y perdona. No obedecimos al Señor, nuestro Dios, siguiendo las normas que nos daba por sus siervos, los profetas

Pero de nuestra parte lo que importa es hacer lo que la conciencia persuade: reconocer nuestra dureza y pecado y confiar más en ti, sin mirar el apoyo o repudio del entorno.

Es su perdón y misericordia el que cura. Nos llama a confiar y esperar más en su perdón que en la evidencia de nuestra propia injusticia.

Salmo responsorial: 78

que tu compasión nos alcance pronto, / pues estamos agotados

Se podía decir de nuestro tiempo que estamos agotados, aplicándolo a la maraña mediática enfocada en el escándalo, más que en la justicia para las víctimas.

líbranos y perdona nuestros pecados / a causa de tu nombre

Nos hemos armado tal laberinto de culpas, errores, perversiones y corrupción que no sabemos cómo salir de esto.

Es un buen momento para exclamar que el Señor nos libre.

Se puede decir y se puede sentir que hay un enorme y resonante clamor de opresión para ser librados.

Llegue a tu presencia el gemido del cautivo: / con tu brazo poderoso, / salva a los condenados a muerte

Más allá de las discrepancias de lo hermanos del mismo Reino, debemos estar de parte de la víctima dondequiera se encuentre, para que no tarde su rescate y la reparación del daño que se le ha infligido.

te daremos gracias siempre

No obstante la insatisfacción te damos gracias porque sigues llegando a salvar tu gente.

Lucas 6,36-38

"Sed compasivos como vuestro Padre es compasivo; no juzguéis, y no seréis juzgados; no condenéis, y no seréis condenados; perdonad, y seréis perdonados; dad, y se os dará: os verterán una medida generosa, colmada, remecida, rebosante. La medida que uséis, la usarán con vosotros."

En el contexto citado de discrepancias y partidos, la guía de la Palabra atribuída a Jesús sigue siendo la más constructiva.

De nuestra parte compasión sin juzgar condenando la buena o mala voluntad de otros.

Es el desafío. De nuestra parte perdonar para ser perdonado, porque somos pecadores.

De nuestra parte orientarnos por la generosidad para alcanzar generosidad.

Ante la avalancha de señalamientos, críticas, juicios y condenaciones mediáticas sobre todo, seamos los creyentes como la reserva del perdón, la regeneración, la posibilidad de rehabilitación y reconversión.

Seamos el perdón del Señor en medio de su pueblo y no nos unamos a los que tiran piedras al supuesto o supuesta culpable.

Martes 2 de Cuaresma

Isaías 1,10.16-20

príncipes de Sodoma, escucha la enseñanza de nuestro Dios, pueblo de Gomorra

Son pueblos a la orilla del Mar muerto que desde el libro del

Génesis tienen fama por su pecaminosidad, prácticamente como símbolos de corrupción.

A su vez son también un ejemplar del juicio de Dios que actuó contra esa pecaminosidad generalizada de la población.

En el texto actual de Isaías hay más: el juicio, si se da un comportamiento según derecho, pero el derecho del Señor, el cual consiste en la protección del más débil: del oprimido, el huérfano y la viuda, abre la posibilidad del perdón para el pecado más grave que se hubiera cometido.

Aun Sodoma y Gomorra, emblemas de la pecaminosidad, incluso centrada por algunos rabiosamente en lo sexual homosexual, serán dignas del perdón del Señor si su comportamiento es según derecho de Dios.

Es una enseñanza (torah) apropiada para nuestro hoy, cuando nos obsesionamos unos y otros con el pecado sexual, incluída la pederastia de los curas.

Porque más que el coito y la sexualidad genital, como elementos intervinientes en el abuso, la verdadera corrupción es el abuso del que no se puede proteger: el niño.

Y esto es lo que nos retrata la Palabra del oráculo profético hoy: ojo con hollar al vulnerable

Cesad de obrar mal, aprended a obrar bien; buscad el derecho, **enderezad al oprimido**; defended al huérfano, proteged a la viuda.

Oprimido: alguien jorobado o doblado por el peso que debe soportar. Porque se lo han puesto o porque se lo ha acarreado.

Importa mucho el peso económico porque desencadena otras secuelas, configurando una constelación. El que no tiene ingresos afronta una dura situación para sobrevivir.

Una masa creciente va entrando en esta opresión y una acumulación de ingresos, más allá de lo necesario, se queda en pocas manos. Elite vs. Masa.

Enderezar al oprimido puede requerir medidas drásticas, profundas, revolucionarias en cierto sentido. A qué costo? Con qué otras secuelas? Por una violencia externa y estructural puede tener efectos inmediatos, pero con cuáles consecuencias adversas? Vale la pena?

Sin embargo lo importante es dejarse ablandar en lo profundo y elicitar acciones congruentes y consecuentes a favor del oprimido.

Entonces, venid y litigaremos

Aunque vuestros pecados sean como púrpura, blanquearán como nieve; aunque sean rojos como escarlata, quedarán como lana.

El juicio del Señor empieza con nuestras buenas y malas obras. Llegará el momento que los pecados que nos avergüenzan ante Él, nos convencerá que ya no existen, si hemos practicado el derecho y la justicia.

Hoy es señal de los tiempos la justicia social amplia no sólo económica. Existe una generalizada sensibilidad y urgencia para que se incluya en el bien común a los excluídos por diferentes razones.

Luchar por ello se siente suficiente para borrar cualquier error cometido. Atender esa prioridad redime el abandono de otras. Es una poderosa mentalidad e inspiración actual.

Es como si se vivenciara la comunión con el Señor en algún género de solidaridad, que concreta el mandato de amor al prójimo, por encima o descartando cualquier otra expresión de amar a Dios.

La manera como se vive esta convicción tiene dimensiones de contagio y grandiosidad. Incluso de romanticismo.

Por lo contrario, este objetivo bueno también puede servir al sub angelo lucis. Puede ocultar un egoísmo camuflado de generosidad y entrega. Una búsqueda hipócrita de sus propios beneficios. Puede devenir otra variedad de fundamentalismo.

Nuevamente es la escucha a la Palabra, atenta, sincera, dispuesta a la conversión, que escruta y discierne para alejar los egoísmos, la que puede conducirnos por camino firme y sólido.

La pelea con el Señor es por la conversión. Su interpelación, aunque difícil de soportar, es amorosa con amor celoso y buscando nuestra mudanza.

Si sabéis obedecer, lo sabroso de la tierra comeréis; si rehusáis y os rebeláis, la espada os comerá

Esa obediencia edifica la justicia al oprimido, y consecuentemente acarrea la paz social, en la que se puede comer sin culpa. Lo contrario se paga con la división de clases y su confrontación en una guerra civil.

Salmo responsorial: 49

tú que detestas mi enseñanza / y te echas a la espalda mis mandatos

La enseñanza es sobre el Derecho del Señor

buscad el derecho, enderezad al oprimido; defended al huérfano, proteged a la viuda

El que me ofrece acción de gracias, / ése me honra;

Pero más bien el sacrificio aceptable es el de la acción de gracias de la justicia con el oprimido.

La acción de gracias es el seguimiento del buen camino. La acción de gracias ofrecida por Jesús es su propia entrega. La acción de gracias en Jesús es su seguimiento en la propia entrega.

al que sigue buen camino / le haré ver la salvación de Dios

que es posible a quien sigue el camino del Derecho del Señor.

Mateo 23,1-12

haced y cumplid lo que os digan; pero no hagáis lo que ellos hacen, porque ellos no hacen lo que dicen

La estrategia del anti-reino hoy parece ser la sutileza siguiente: hay que desprestigiar los que se sientan en la cátedra para no hacer lo que dicen, aunque digan que viene de Dios.

El mayor argumento para promover la desobediencia del Derecho de Dios es que sus representantes son incongruentes, y no practican lo que dicen.

Lo que resulta es que ni los que ordenan ni los que deben obedecer ejecutan ese Derecho.

En la cátedra de Moisés se sentaron papas, obispos y superiores religiosos también. Han sido y serán algunos de ellos incongruentes e inconsecuentes.

Esto es suficiente según muchos para abundar en la crítica de las deficiencias inocultables, como estrategia de debilitamiento de la propia responsabilidad y compromiso.

No sólo en lo religioso sino en todo ámbito: familiar y ciudadano.

No obstante el escándalo, no es excusa para hacer lo que se hace mal hecho. No debe ser una coartada hipócrita, para justificar lo que hacemos mal. Un equivalente es defenderse alegando que muchos lo hacen. Y lo invocamos para disminuir nuestra responsabilidad.

Ellos lían fardos pesados e insoportables y se los cargan a la gente en los hombros, pero ellos no están dispuestos a mover un dedo para empujar

Pero no se puede ocultar que hay líderes que impulsan la desobediencia y el desprestigio del Derecho de Dios con su indolencia ante la carga que imponen.

Es el retrato del poder que no sirve, sino se sirve.

les gustan los primeros puestos en los banquetes y los asientos de honor en las sinagogas; que les hagan reverencias por la calle y que la gente los llame maestros

Como las reuniones de los líderes de todos los países que no solucionan nada de lo que venían a arreglar. Todo a costa de sus contribuyentes.

no os dejéis llamar maestro, porque uno solo es vuestro maestro, y todos vosotros sois hermanos

no llaméis padre vuestro a nadie en la tierra, porque uno solo es vuestro Padre, el del cielo

No os dejéis llamar consejeros, porque uno solo es vuestro consejero, Cristo

Se nos pide una actitud pro-activa respecto de los títulos, honores, derechos y prebendas anejas a un cargo de autoridad y liderazgo, de cualquier tamaño. Porque un simple catequista en una comunidad remota representa una autoridad ante sus sencillos catequizandos, también.

No hay liderazgo por ínfimo que sea que esté exento de la tentación de servirse de otros en vez de servir.

Podemos ser familia, conciudadanos, compañeros de lucha. Pero lo que se comparte en forma más constructiva es la fraternidad, pues en ella la igualdad se ubica en un contexto proporcionado, ni mecánico ni envidiable.

Porque nuestro programa o designio es la construcción de la fraternidad universal inspirada por la paternidad de Dios.

uno solo es vuestro Padre, el del cielo

La vivencia de Jesús por su Padre se convierte en él en un modo o estilo de existencia. Es hermano de los hombres y mujeres e hijo del Padre Dios.

El primero entre vosotros será vuestro servidor

El que se enaltece será humillado, y el que se humilla será enaltecido."

La humillación es una estrategia de servicio del poder. Al servicio del servir como Jesús, a los pecadores, para su conversión.

La exaltación por parte de Dios, es en la inspiración y a semejanza del Hijo que se humilló en cruz hasta la muerte y por eso fue exaltado.

Se humilló en su servicio de edificación del reino del Padre, hasta el final. Se gastó hasta la muerte.

No resulta ni comprensible ni aceptable que quien tiene poder lo ejerza humildemente, porque parecería no ser útil, ya que la opinión común es que si no eres prepotente al mandar, no consigues el objetivo.

Las empresas de utilidad económica, y algunas organizaciones religiosas también lo son, usan esta lógica: poder ejercido con prepotencia para ganar bienes, aunque se pierdan las personas.

Sin embargo el mensaje evangélico es otro: poder de servicio ejercido con humildad para ganar, pero personas más que bienes.

Miércoles 2 de Cuaresma

Jeremías 18,18-20

maquinemos contra Jeremías

Podría ser esta la afectación que nos deja sentir el rondar del acusador: hay una maquinación que nos roba la paz, nos hace desconfiar del Señor y su intervención salvífica, erosiona nuestra esperanza, ataca nuestra fe. Es la dañada intención del acusador, de cuya tentación profunda, más que el erotismo corporal, es que pedimos en el PadreNuestro que nos libere.

Las cadenas que Ignacio de Loyola enumera concatenadas, son la lujuria y placeres carnales, el amor a las riquezas y el dinero, y la soberbia de la vida, que a su vez son las tentaciones humanas vividas por Jesús, según los evangelios.

oye cómo **me acusan**

Es decir: el cerco de intranquilidad y angustia que viene con las tinieblas de la noche, puede también tener este sentido, a saber, una tentación del acusador. Quizás para apartarnos, o erosionar la, por ahora, entrega y aceptación del designio, y la ascensión al amor más pleno de la voluntad del Señor.

De bien en mejor subiendo, porque hay lucha y vigilancia hacia una liberación. Entonces además del ataque a lo que es sensible, hay el sutil colarse en lo que se piensa, anhela, discierne y actúa, en este proceso de purificar la intención.

¿Es que se paga el bien con mal, que han cavado una fosa para mí? Acuérdate de cómo estuve en tu presencia, intercediendo en su favor, para apartar de ellos tu enojo.

Esta reflexión de Jeremías, puede pasar por ser también de Moisés, quien también había intercedido por el Pueblo. Pero en Jesús, no se habla del enojo del Padre, sino que se ubica el daño en el acusador, más bien al modo de Job. Pero incluso lo supera porque siempre de Jesús brota una aceptación confiada y humilde a lo que su Padre disponga. Revela un Padre que no daña, aun en un abandono que no es tal, porque sujeta y sustenta, da fuerza y energía, para mostrar un amor creíble, total, desarmado, vulnerable, solidario.

Lo dice Juan en su prólogo: en Jesús se nos dio el amor y la benignidad de Dios. Su hesed w hemed. Sus entrañas de misericordia. Esta plegaria en medio de la conspiración contra él, es la antesala de la propia de Jesús de Nazaret. Ambos siervos de Yavé, por hacerle el mandado al Señor, y entregar la vida en ello.

En la vida ordinaria existimos a favor de otros, aunque no queramos. Nadie vive sólo para sus únicos e individuales intereses.

En la red de las existencias las oportunidades favorables se implican unas con otras, así como las desfavorables.

Terminamos entonces trabajando para alguien que es más señor y dueño y amo.

Es preferible hacerle el mandado al Señor que es justo. No se puede servir a dos señores porque se acaba sirviendo a ninguno. El corazón creyente viven en circunstancias históricas, que son una oportunidad de activar su fe, esperanza y ágape.

Por lo tanto nuestra realidad se compone de ambas instancias: la convicción profunda y las circunstancias que le sacan chispas y la ponen en movimiento, para que no dormite ni se duerma.

En el año de la fe, inaugurado en su papado, Benedicto XVI se ha despedido en público, con un gemido como el que nos trae la Palabra en boca de Jeremías.

El ministerio suyo ha sido el de la fe, y a eso ha dedicado su energía vital. Pero siente que ya no tiene más fuerza biológica para que lo sustente, y se retira a seguir orando.

En el mundo, como la diversidad de tierras que plantea el evangelio en una parábola, hay diferentes reacciones, unas más explícitamente creyentes que otras, porque parece que algunos creen cuando dudan y critican hasta la mínima intención del corazón de otros.

Pero el fondo de todo ha de ser, si nos afincamos en la Palabra, trata del Señor que provee el crecimiento, y debemos confiar en nuestra memoria agradecida, que ha experimentado su intervención salvadora, como prenda que no nos abandonará.

Salmo responsorial: 30

Sácame de la red que me han tendido, / porque tú eres mi amparo

No solamente la que tiene que ver con alguna persecución, sino también la de los afectos desordenados.

Éstos son los que nos ligan a intereses dañinos, aunque parecen convenientes, de modo que se envuelve uno como en red.

Es una red de causa y efecto, que constantemente se enreda y de la que no podemos salir. Sólo con la ayuda del Señor que disuelven los nudos más intrincados.

Porque hemos sido torpes en prevenir que se trataba de una red, y ya estamos enredados.

A tus manos encomiendo mi espíritu: / tú, el Dios leal, me librarás

El gesto de Jesús en la cruz, dejando escapar de sus labios la confiada entrega de su corazón en el Padre, es el legado de fe que nos deja para que lo asumamos, sobre todo cuando no vemos muy bien que pasará, y el futuro se muestre amenazante.

Es el gesto del papa renunciante: se mantiene en la cruz, orando al Padre en el que confía, aunque el mundo siga entorpecido en sus interpretaciones maliciosas.

Como el crucificado pudo ser visto como un fracasado ajusticiado y criminal, así su servidor de servidores para la fe, puede ser visto como un fracasado sin carisma para los clamores progresistas del mundo.

Pero la visión y contemplación de fe puede ser otra y muy gozosa: se va a dar la intervención del Espíritu Santo nuevamente, para otorgarnos otra piedra y así seguir sustentando la fe.

Aunque sea con la muerte nos librarás.

En tu mano están mis azares:

Es el consuelo que llega desde el Espíritu.

En la madeja de la vida no resultará como la mosca en la telaraña: bocado de araña.

Que no sucumbamos a la debilidad de la confianza y lleguemos a creer que tu no nos fallas.

Mateo 20,17-28

y al tercer día resucitará

La insistencia de los anuncios de Jesús, registrados en los evangelios, y su misterioso colofón sobre la resurrección, no calaron del todo en sus seguidores, porque llegada la prueba vivieron al máximo la confusión y el temor. Porque no es suficiente ser anunciado el gozo para superar la desdicha, sino no se vive en carne propia.

Ordena que estos dos hijos míos se sienten en tu reino, uno a tu derecha y el otro a tu izquierda

Más bien siguieron haciendo cálculos ambiciosos de poder y conspirando, aun a través de terceros.

Jesús muestra que la urdimbre de intereses y tráfico de influencias no logra su efecto si la actitud es de fidelidad al designio del Padre.

Los honores y las glorias son la decisión del Señor. Jesús en cambio es servidor de los demás. No hay en él un plan de lucrar o sacar ventaja de su liderazgo.

La actitud de servicio de Jesús es la roca sólida a la cual aferrarse, contra la red de oportunidades de corrupción y el egoísmo de los afectos desordenados.

Cuando Ignacio de Loyola a través de los ejercicios espirituales sensibiliza ante Dios respecto al desorden de los afectos, es con la intención de promover un seguimiento de servicio desinteresado en pos de Jesús de Nazaret.

No se trata de practicar un discernimiento y examen sobre faltas y fallas. Sino que prepara la oportunidad de una liberación para más amar y servir. En todo amar y servir.

No sabéis lo que pedís.

No se sabe lo que viene detrás y a partir de una acto de ambición del poder, por desordenado

los jefes de los pueblos los **tiranizan** y que los grandes los **oprimen**

No será así entre vosotros: el que quiera ser grande entre vosotros, que sea vuestro servidor, y el que quiera ser primero entre vosotros, que sea vuestro esclavo

Es el perfil que nos entrega si queremos medrar en la fe de la Iglesia. Pero sólo se sustenta en la muerte y resurrección de Jesús de Nazareth. Sin ello no se puede resistir la ambición de poder del mundo.

Entre los seguidores de Jesús la relación es de fraternidad bajo una paternidad de Dios. Hermanos que se animan a amarse como el Padre nos ama, y nos servimos unos a otros como señal de ese amor.

para servir y dar su vida en **rescate** por muchos

La entrega de su vida es un pago para liberar esclavos. En vida de Jesús mostró como los iba liberando por su intensa entrega y desgaste hasta dar su último aliento. Liberaba enfermos, endemoniados, difuntos, iletrados, odios entre enemigos, cualquier contaminación a lo que era de Dios.

Jueves 2 de Cuaresma

Jeremías 17,5-10

Maldito quien confía en el hombre, y en la carne busca su fuerza, apartando su corazón del Señor.

Una experiencia amarga, que debe hacerse antes que después en la vida, es la que se configura en la decepción específica de un ser humano sobre otro.

Se trata de una piedra para construir, no necesariamente de un derrumbe, aunque se siente como tal.

Cuando la carne débil es glorificada como un dios, produce un efecto subyugador que enamora y aliena. Despertar y mantener la lucidez frente a este deslumbramiento es una tarea tenaz, de mucha convicción.

En esa tarea contamos con el Espíritu que nos ilumina y despierta de la muerte, en la que nos vamos introduciendo.

La carne espiritual, como condensación de humanidad, del modo humano de ser y proceder, tiende a aliarse con la carne débil, esperando superar su congénita debilidad y volatilidad.

El anhelo de no ser debilidad y vulnerabilidad, la lleva a odiar su estirpe o apegarse desordenadamente.

La ascesis desencarnada, el odio fratricida, la lujuria y el erotismo pervertidos son géneros de ensayos de solución.

Pero para unos en poco tiempo, para otros hasta entrada la vejez, cuando la carne se amustia, una experiencia va precipitando su esencia hasta volverla una frustrada convicción: la carne no salva al anhelo profundo de supervivencia, al gemido de ser más, inscrito en sus tuétanos.

Bendito quien confía en el Señor y pone en el Señor su confianza. Será un árbol plantado junto al agua, que junto a la corriente echa raíces; cuando llegue el estío no lo sentirá, su hoja estará verde; en año de sequía no se inquieta, no deja de dar fruto

Cuando el corazón se preserva con la Palabra es posible esquivar esa fascinación y mantener distancia prudencial de cualquier adoración de la carne.

Se da una lucha que puede ser muy larga y durar toda la vida. Una crucifixión de la carne para que resplandezca finalmente con la vida que no se corrompe.

Desengañados de nosotros mismos, y anhelantes de solidez, arribamos como olas en la arena, a la fe en el Señor.

Nuestra ventaja es que Él lo sabe y su aceptación está ofrecida por su misericordia.

en año d e sequía no se inquieta, no deja de dar fruto

Los apegados al Señor son señales para tiempos de crisis, porque su lozanía y frescura anima a otros a seguir esperando, a confiar, a hacer la experiencia de confianza en el Señor, y así sentir la vida en la muerte.

Nada más falso y enfermo que el corazón: ¿quién lo entenderá? Yo, el Señor, penetro el corazón, sondeo las entrañas, para dar al hombre según su conducta, según el fruto de sus acciones

Parece concurrir con el diagnóstico del emotivismo en nuestro tiempo.

Hay que profundizar más en la facultad que más estabilidad da al hombre: la razón.

Sin embargo hay que aceptar que también ella se enferma y contradice gravemente los intereses del corazón.

Ver con los ojos del corazón parece desde la literatura antigua una sabiduría popular que es sinónimo de acierto.

Pero parece que la palabra del Señor pone en cuestión esta sabiduría. Podríamos decir que en forma radical, no hay nada que no esté enfermo en el ser humano, hombre o mujer.

Se trata de una profecía sabia, que más que denunciar, alienta y persuade a un cambio de carril. Entender la veleidad del corazón y cuán enfermo puede ser persuade al desapego.

Por sus apegos y desapegos ciegos, miopes, estrábicos, astigmáticos, deformantes.

Nos hace caer una y otra vez. Es lábil al engaño del seductor. Es contradictorio e incongruente en sus filias y fobias.

Yo, el Señor, penetro el corazón, sondeo las entrañas, para dar al hombre según su conducta, según el fruto de sus acciones

Es nuestra última esperanza: alguien que nos ame tanto, más allá de nosotros mismos, que salve lo salvable porque sabe mirar nuestra hondura.

Salmo responsorial: 1

ni se sienta en la reunión de **los cínicos(luts:desdeñoso, menospreciador)**

La dificultad del momento, en la producción de una sinergia de comunicación que unifique la buena voluntad de hombres y mujeres, se encuentra en el lenguaje cínico, que puede o no, estar vinculado con el desdén de los valores tradicionales e institucionales.

Se trata de una secuela masificada y ya entrevista por algunos pensadores del ocaso del idealismo y del auge del materialismo.

Pero así como hay quienes pervirtieron el idealismo, por encubrir sus crímenes con la predicación de valores venerables, también encontramos materialistas, que recusan la transformación espiritual de la materia, para anclarse en el mero consumo placentero.

No hay posibilidad de sanar las patologías sino mediante una terapia curativa o preventiva. Sólo el discernimiento evangélico de la Palabra nos puede ayudar a amar con el corazón y la razón, esquivando sus desvíos y abismos.

sino que su gozo es la ley del Señor

Cuando entendemos ley como Palabra venida del Señor para nuestra vida verdadera, entonces salimos de la equivocidad de la norma que no da vida, sino que se la prestan.

da fruto en su sazón

Madurado con la brisa y el calor del sol del Espíritu que tiene su propio tiempo.

y cuanto emprende tiene buen fin

Lo cual no significa automáticamente que tenga éxito. Tener buen fin, como nos enseña Ignacio en las reglas de discernimiento, es iniciar, proseguir y terminar todo bien.

Se trata de un proceso que hay que vigilar para que no sufra desviaciones.

Lucas 16,19-31

con ganas de saciarse de lo que tiraban de la mesa del rico

Se trata de un cuadro de miseria sobrecogedor como el de nuestros miserables en las ciudades de nuestro entorno.

Da una medida de tiempo próspero para algunos, que es gastada en la opulencia ofensiva contra la necesidad de otros.

Y un tiempo triste del sufrimiento por hambre, y una situación depresiva de miseria.

Estos tiempos, para nosotros eternos e insufribles, tienen límite.

Las situaciones en sus predios son reversibles, y hasta por revolución o cambio sociopolítico, se puede dar la vuelta en contrario.

Hoy quizás por los medios de comunicación somos más conocedores de los tumultos de cambio que se están dando en el planeta.

Se siente una impaciencia en progresión de avanzada: un hambre de cambio, resarcimiento, equidad y hasta desquite.

La impaciencia toma caracteres anárquicos que nos parecen abusivos, pero que deben ser ubicados en un contexto más amplio para entenderlos.

Sucedió que se murió el mendigo, y los ángeles lo llevaron al seno de Abrahán. Se murió también el rico, y lo enterraron.

La pastoral de la liberación, que dio pie a la teología del mismo nombre, reinterpretó los tiempos para el cambio.

Se rebeló contra la anterior orientación que sostenía se debía pacientemente esperar y resignarse, para que en la eternidad se diera el cambio.

Fue una buena señal de los tiempos por parte del Espíritu del Señor. Nos despertó del conformismo, hasta de la crueldad e indolencia, con la que mirábamos el sufrimiento de colectividades, por hambre y violencia.

Esta tendencia oscureció y opacó algo que no ha sido retirado del anuncio de la Palabra y tiene significación aún: sí hay eternidad que signifique reversión definitiva de la injusticia y la iniquidad. Las luchas y logros temporales. no son la justicia eterna, por más que la anticipen y anuncien.

entre nosotros y vosotros se abre un abismo inmenso, para que no puedan cruzar, aunque quieran, desde aquí hacia vosotros, ni puedan pasar de ahí hasta nosotros

La distancia entre ricos y pobres, ocupa un lugar relevante en el evangelio de Jesús de Nazareth. No se reconcilian ni después de la muerte, según la parábola.

De aquí podemos sacar teorías sobre luchas de clases y revolución social, como auspiciadas por el mismo mensaje de Jesús.

"Tienen a Moisés y a los profetas; que los escuchen."

Seguimos bajo este ámbito, porque la carne aun en procura de equidad es débil y el corazón humano, que alberga sentimientos de justicia, es volátil.

Si no escuchan a Moisés y a los profetas, no harán caso ni aunque resucite un muerto

Pero hay otro método, el evangélico: escuchar la Palabra, para hacer caso de la resurrección de Jesús de Nazareth, cuyo camino no es el odio de clases, ni el caos social, aunque su mensaje no oculte la distancia infranqueable entre ricos y pobres.

Sería Lázaro resucitado una ocasión para que algunos escucharan? Y Jesús resucitado lo ha sido?

No obstante poseer la convicción del Señor Jesús resucitado, y dar testimonio de ello, la comunidad en torno a Jesús vivo por el Espíritu, no dejó de seguir escuchando la ley y los profetas, con clave de Jesús.

Se pensará erróneamente, entonces, que Jesús, como muerto resucitado, cae bajo su propia sentencia sobre los que no escuchan, vean lo que vean y oigan lo que oigan.

Lo cual sería desconocer la profundidad de la transformación humana que significó Jesús resucitado.

Viernes 2 de Cuaresma

Génesis 37,3-28

Al pasar unos comerciantes madianitas, tiraron de su hermano, lo sacaron del pozo y se lo vendieron a los ismaelitas por veinte monedas

Algunos detalles de la historia prefiguran rasgos de Jesús de Nazareth: el amor de su Padre, el celo de los hermanos que desean matarlo, su venta a los de fuera, la capacidad soñadora o visionaria de José.

Se dice que alguien quiso liberar a los que veían sombras al fondo de la caverna de Platón, diciéndoles que eran sombras, y la realidad estaba a sus espaldas.

La reacción fue asesinarlo: muerte al libertador.

Eco o no de un mito, éste es también un eco de realidades que se viven. Porque muchos que tienen sueños de cambio, visión de realidades diferentes a las vigentes, son amenazados y liquidados, ya que atentan contra la seguridad del presente en el actual orden de cosas.

Sin embargo el Señor para el proceso de realización de su designio, que es su sueño, nos sigue convocando y nos apoya en los riesgos.

Un educador también es un visionario, pero tiene en cuenta los sueños de sus educandos, para que tengan presente los elementos que pueden viabilizar su realización.

Las resistencias que encuentra en muchos de sus aprendices es parte del proceso de aprender que los sueños también tienen un protocolo o procedimiento para llegar a ser verdad. Y esto puede impacientar y hasta irritar. En casos extremos hasta provocar violencia.

La antipatía que el Magisterio católico despierta en muchos, radica en algo así. Contraría la expectativa de los sueños de la gente, porque señala un protocolo para realizarse. No es que no acepte los sueños del mundo, sino que busca no se conviertan en pesadillas.

Éstos se llevaron a José a Egipto

Hacer la lectura de la Palabra en perspectiva, como seres temporales e históricos, permite contemplar la línea del designio del Señor, y cómo todos, aún con autonomía, convergemos en su logro salvífico.

Curiosamente Islámicos e Israelitas mantienen un debate sobre cuál es el pueblo de la promesa: si Ismael o Isaac, ambos hijos de Abraham.

En el relato intervienen los ismaelitas como medio para que José llegue a Egipto, lugar que resolverá la subsistencia de Israel y muchos pueblos, por medio de José.

El texto nos propone una Palabra de esperanza y confianza en la presencia del Señor en las diversas circunstancias históricas, que los hombre y mujeres experimentamos en conflicto.

Salmo responsorial: 104

por delante había enviado a un hombre, / a José, vendido como esclavo

La potencialidad humana para recuperarse, crecer y lograr cosas relevantes de impacto para muchos es una lección de la historia, constante y frecuente.

Igual se da para logros positivos que para los negativos.

Nos ayuda a respetar la riqueza y dignidad de todo hombre y mujer desde su origen y diversidad, por la capacidad que podrá desplegar en el futuro.

Y aun en la discapacidad se podrá contemplar la llamada del designio del Señor a cooperar con su solidaridad y ternura.

y la palabra del Señor lo acreditó.

La esperanza del Justo consiste en la acreditación de parte del Señor. Como Jesús de Nazaret cuando fue resucitado, mostrando el Padre su carácter de justo y enviado por Él.

Mateo 21,33-43.45-46

os quitará a vosotros el reino de Dios y se dará a un pueblo que produzca sus frutos

Una amenaza que pende sobre nuestra libertad humana: ser constructores del reino que produzca frutos para el Señor o perderlo.

Es una palabra que se mantiene abierta al futuro para ir

concretando el reino histórico de Jesús con aquellos que son fieles.

Los sumos sacerdotes y los fariseos, al oír sus parábolas, comprendieron que hablaba de ellos

Más que nada una clase dirigente que se reproduce infinitamente, ocupada más bien en sus propios intereses, que en el servicio al designio.

Son los que tienen más responsabilidad por su poder de decisión social. Pero nuestra decisión individual también puede serle cómplice y perpetuarlos.

El proceder del Padre no es vengativo. Es educativo hacia una conversión de las malas obras. Se busca un pueblo que sí cuide la viña y respete al hijo, desechando el anterior. Pero a la postre como dice Pablo, el desechado también tendrá su oportunidad.

Sábado 2 de Cuaresma

Miqueas 7,14-15.18-20

Señor, pastorea a tu pueblo con el cayado, a las ovejas de tu heredad, a las que habitan apartadas en la maleza

Los tonos y modalidades de petición sobre un nuevo sumo pontífice católico, que ha de ser elegido en un cónclave, pueden ser variados como una lista de deseos.

Delinean un perfil supuestamente apto y acorde para comprender el mundo, orgullosamente cambiante y progresista.

Pero desde una actitud de fe en el Señor y su designio del reino, nuestra oración deberá ser más bien asumir el liderazgo que emerge como pastor supremo con obediencia de fe, aunque no nos guste.

No es el carisma de la imagen lo que puede definir la realidad más conveniente, sino el carisma del Espíritu, que nos conduzca a la verdad completa, a través de la conversión sincera al evangelio.

Qué **Dios como tú**, que perdonas el pecado y absuelves la culpa al resto de tu heredad?

Una divinidad muy especial, no caprichosa como las de otros pueblos, que someten a sus fieles a la inestabilidad de su temperamento en el momento.

Son los profetas, voz del Señor, quienes ponen ciertos acentos que semejan rasgos humanos temperamentales en la fidelidad amorosa del Señor.

Se sujetó Él a nuestro lenguaje y pasión, para dar a entender su mensaje.

Volverá a compadecerse y extinguirá nuestras culpas, arrojará a lo hondo del mar todos nuestros delitos

El Señor se compadece siempre, no para desviarse del designio del reino, sino para volvernos a convocar a él.

La comprensión a la que el mundo aspira no puede ser contraria al reino del Señor Jesús, que se orienta a la justicia, la paz, el amor de ágape.

Él hace que las cosas sean nuevas.

Es nuestro corazón apegado el que envejece y se aferra a la memoria meramente histórica, aunque no salvífica.

El Espíritu que nos asiste a leer con fe la historia, sus acontecimientos y eventos, nos permite contemplar un hilo conductor salvífico.

También la Palabra que se expresa en nuestra pasión se ha cubierto de la sospecha, el miedo y el remordimiento de culpa, temiendo al Señor en vez de amarlo y descansar en su amor.

El efecto más profundo de la iniquidad del pecado es la duda, la inquietud, la incertidumbre, la paranoia sobre el amor y fidelidad del Señor.

Los ídolos que nos creamos a cada paso y en los que depositamos nuestro déficit de confianza, son pretensiones de la seguridad que no vivimos pero anhelamos.

Y no se nos dará falsa y fácil seguridad, sino la de la Palabra hecha carne, sangre e historia en Jesús de Nazareth.

Salmo responsorial: 102

Bendice, alma mía, al Señor, / y no olvides sus beneficios

El Espíritu nos ayuda a agradecer siempre los beneficios de tu amor por nosotros.

Que sepamos hacer siempre memoria sobre cómo estás trabajando amorosamente por nosotros, tejiendo la salvación.

No olvidemos los beneficios del Señor, no porque necesite de nuestra memoria para seguir siendo, sino porque nos conviene tener memoria para seguir siendo.

Los pueblos que pierden la memoria vuelven a los mismos vicios y errores.

El Espíritu en el salmo nos inspira memoria de los favores del Señor: ha estado de nuestro lado, ha dado respuesta a nuestra fragilidad.

Por lo tanto en vez de aferrarme al ídolo de mis manos, debo hacer memoria.

El memorial perpetuo es Jesús de Nazareth.

Él perdona todas tus culpas / y cura todas tus enfermedades

él rescata tu vida de la fosa / y te colma de gracia y de ternura

La enfermedad y la fosa conjuntamente se mencionan como el final que no deseamos y resistimos.

La salud, la curación y el no permanecer en la fosa figuran como la antítesis de ese final: una realidad gloriosa, permanente, que se nos abre desde ahora.

Lo podemos contemplar si somos pobres y vivimos congruentes en la espera de la salvación, únicamente de su mano, en un sentido total, radical, absoluto, integral.

Porque nuestros sueños en Él se transforman en realidades que ni reconocemos.

Jesús es el sí de este Señor de perdón y sanador. El Dios de la vida, y el Dios que es amor.

Jesús en su carne inadvertida, con su atuendo campesino, su deambular sin reposo e infatigable, multiplicando gestos y palabras que buscan convencer.

No está siempre acusando / ni guarda rencor perpetuo

Como el maligno que siempre acusa y culpa y amedentra.

Se muestra trascendente: distinto, único, irrepetible, respecto de nuestro modo humano de proceder.

Como se levanta el cielo sobre la tierra, / se levanta su bondad sobre sus fieles

El aliado de la identidad del Señor y su designio, su reinado de salvación y liberación, es la negación de toda realidad humana que pueda sustituirlo.

Es un ejercicio que puede parecer y sentirse caótico, que induce inestabilidad, pero abre el espíritu a realidades mayores, a dimensiones inéditas, que contrastan pero subliman toda la creación.

Por eso Jesús ni siquiera para sí aceptaba el título de bueno. Tal es la trascendencia del Señor, único en su bondad.

Esta expresión es una forma gráfica, una imagen de la originalidad irrepetible del Señor.

Lucas 15,1-3.11-32

solían acercarse a Jesús todos los publicanos y los pecadores a escucharle. Y los fariseos y los escribas murmuraban entre ellos

Como hoy y como siempre Jesús de Nazareth goza de dos tipos de auditorio: los que se nutren de su Palabra y los que murmuran, resistiéndose.

Publicanos y pecadores eran entonces una clase social despreciada, en la parte inferior de la pirámide social.

Relacionarse con ellos, con la frecuencia que lo hacía Jesús, tal como lo mencionan los evangelios, era como una declaración pública de simpatizar o pertenecer a esa clase social.

Cómo podría aceptarse que desde ese estrato se dieran lecciones de moral, conocimiento y obediencia al Dios de Israel?

Ese Dios según las clases altas, cultas, apegadas a la santidad del templo y la sinagoga, se tenían por conocedores y adoradores del verdadero Dios.

Así la confrontación tenía un claro rasgo teológico: dos concepciones de Dios, que afectaban la praxis de la vida cotidiana.

Un auditorio inusitado e indeseable, que no lo prestigiaba precisamente como un maestro digno de respeto.

Jesús hizo gala de gran libertad frente a las censuras sociales, y las castas. Era la gente a la que nadie les había ofrecido la oportunidad de conocer al Dios de Israel y su oferta de salvación.

Para ellos Jesús era alguien fascinante en la dedicación ofrecida y tenían conciencia que no se lo merecían, no al menos por mérito social concedido por las elites.

"Ése acoge a los pecadores y come con ellos."

Pero no es que Jesús los desplazara o rechazara de su mesa y hospitalidad.

Ellos se auto marginaban, porque los hería en su santidad y autoestima la compañía de esta hez social.

Su gesto era una negativa a la fraternidad que Jesús pretendía.

y allí derrochó su fortuna viviendo perdidamente

Una mala cabeza, como tantos jóvenes que podemos encontrar en esta generación: viven al día, gastan lo que no tienen en placer y diversión.

Su anhelo de autonomía es poder gastar sin restricción, en el consumismo que incita la economía del lucro.

y empezó él a pasar necesidad

En una ocasión de malestar se presentó para él una oportunidad de reflexionar y empezar a cambiar. Se abrió paso en sí su si mismo, su identidad auténtica.

Padre, he pecado contra el cielo y contra ti; ya no merezco llamarme hijo tuyo: trátame como a uno de tus jornaleros

La conversión del hijo arruinado, es por necesidad, porque activa la memoria de un hogar que abandonó, pero que satisfaría sus necesidades, aunque fuera como jornalero.

El pecador que hace conciencia de quién es él en cuanto pecador, inicialmente no reconoce en el Señor a su Padre, pero aspira a un rincón en su casa, en su providencia.

cuando todavía estaba lejos, su padre lo vio y se conmovió; y, echando a correr, se le echó al cuello y se puso a besarlo

Igual la parábola podría titularse: el hijo sorprendido.

Porque el amor, la ternura, la compasión y la generosidad del Padre exudan abundantes en su beso y abrazo.

Para la elite que protegía y defendía celosamente el nombre de Dios, innombrable y sin imagen, exigente y minucioso tras la normativa cotidiana de la Torá, escuchar de un Dios Padre todo perdón y ternura, casi como si Él fuera el culpable, con un hijo pecador por su propia libertad y decisión, impuro cuidador de cerdos, licencioso e ingrato, era un escándalo, que se verá reflejado en el hijo mayor, quien no entiende al Padre.

Es un reencuentro de identidades: la del Padre que siempre lo fue, asomándose a ver si el hijo regresaba. La del hijo, cuya sorpresa es encontrar un amor de Padre, cuando esperaba al menos una amonestación.

Es una manera de decir: lo de menos es lo que hiciste, lo importante es que has vuelto a ser mi hijo.

sin desobedecer nunca una orden tuya

Casi nos ponemos del lado del hijo mayor y nos sentimos escandalizados de este modo de actuar.

Los sicólogos dirían hoy que este padre permisivo fomentaba acciones incorrectas en el hijo descarriado.

Hasta se condenaría al Padre por ser un mal padre perdonador y cómplice del vicio del hijo.

Y precisamente la parábola quiere retar la lógica que establece parámetros al amor desbordante, loco si se quiere, del Padre.

deberías alegrarte, porque este hermano tuyo estaba muerto y ha revivido; estaba perdido, y lo hemos encontrado

El hijo mayor vivía con su padre pero no se sentía hijo.

Vivir como hijo con el Padre significa vivir su generosidad para todos sin miedo a perder nada.

En el hijo derrochador la impronta de su padre amoroso estaba profunda en su interior y posibilitó que recuperara la memoria salvífica.

La generosidad del Padre nos golpea el rostro porque debemos reconocer que no lo somos tanto, sino en algún grado mezquino, que medimos a Dios por nuestro rasero.

Habríamos de mostrar más humildad en romper los cercos que nos construimos y en donde nos afincamos, para vivir exclusivamente nuestra verdad de Dios y los demás.

Hay más alegría por la oveja perdida recobrada que por las cien que aguardan seguras en el rebaño.

El padre no niega razón a la indignación del otro hijo. Pero no se deja arrastrar por ella, porque la alegría es mayor y más importante. Y el Padre comprende al Hijo mayor y lo gana para su gozo.

Porque los verdaderos hijos acaban entendiendo que todos somos familia y que el perdón es lo único que nos mantiene unidos.

Es lo que termina sugiriendo Jesús a la elite. En vez de acechar y andar celosos y escandalizados, alégrense que los distanciados, los excluidos, tienen su oportunidad.

Domingo 3 de Cuaresma

Éxodo 17,3-7

el pueblo, torturado por la sed, murmuró contra Moisés

Si las hubiera, cerrarían calles para lograr agua. Modalidad actual de la protesta, para hacerse oír.

Y también para sensibilizar u obstaculizar a terceros. Unos lo entienden como solidaridad. Otros como interferencia indebida.

Una caos creciente en las urbes que patentiza los contrastes entre progreso y carencias básicas.

¿Nos has hecho salir de Egipto para hacernos morir de sed a nosotros, a nuestros hijos y a nuestros ganados

La teoría de la conspiración no se inventó ahora. La suspicacia y hostilidad hacia el líder, que representa la autoridad, viene de muy atrás.

¿Qué puedo hacer con este pueblo? Poco falta para que me apedreen

Y un líder como Moisés sólo podía salir adelante con un sentido de misión divina, para no renunciar y dejar toda responsabilidad.

vete, que allí estaré yo ante ti

Pero también el líder con sentido de misión debe confiar en la asistencia de quien lo llamó. E insistir y persistir.

Moisés lo hizo así a la vista de los ancianos de Israel

Y debe formar otros líderes, como Jesús a sus discípulos, en el modelo que él aprendió, no en la rebeldía e inconformidad de la masa.

El servicio apostólico como autoridad se aprende con mucha humildad pero se mantiene con firmeza y confianza en el Señor.

La firmeza no sería un acto ni actitud de prepotencia y afirmación egocéntrica. Pero tampoco es un acto de debilidad y miedo a la presión, que se erosiona por la falta de popularidad.

Salmo responsorial: 94

entremos a su presencia dándole gracias

Lo que contrasta con la exaltación de la masa que no confía, porque le faltó agua.

el rebaño que él guía

Necesitamos fortalecer nuestra confianza en la guía del Señor, cada día, y alejarnos de la desconfianza que se da cuando sentimos un retraso de su presencia.

No endurezcáis el corazón como en Meribá, / como el día de Masá en el desierto; / cuando vuestros padres me pusieron a prueba / y me tentaron, aunque habían visto mis obras

Si hemos visto sus obras y están presentes en nuestra memoria, no tiene sentido alzarse en duda respecto a su intervención.

Sólo que nuestra memoria es frágil y el acusador es sedicioso.

Romanos 5, 1-2.5-8

Ya que hemos recibido la justificación por la fe, **estamos en paz** con Dios, por medio de nuestro Señor Jesucristo

Esta es nuestra memoria, nuestra eucaristía, nuestra acción de gracias. La convicción de fe que nos debe acompañar en nuestro itinerario.

todavía estábamos sin fuerza

La evaluación del ex - fariseo Pablo sobre el régimen anterior, es que si se dio revelación, no había suficiente fuerza.

Es el mensaje de los profetas que veían en el futuro un horizonte de espíritu para todos, que los impeliera al conocimiento propio de Dios.

siendo nosotros todavía pecadores, murió por nosotros

Una muestra de amor distinto y peculiar: morir por pecadores para salvarlos.

Juan 4,5-42

La samaritana le dice: "¿Cómo tú, siendo judío, me pides de beber a mí, que soy samaritana?

Se muestra un Jesús que traspone límites culturales y teológicos.

El pueblo de la salvación ha venido a ser el judío, y así lo confirma Jesús.

No obstante alguien fuera de ese pueblo puede dar de beber al sediento, un gesto que no quedará sin recompensa, porque se le da la mismo Jesús. Cualquiera lo puede hacer. Está al alcance de todo el que quiera abrir sus entrañas a la necesidad del que se aproxima.

Señor, si no tienes cubo, y el pozo es hondo, ¿de dónde sacas el agua viva?;

Es la dificultad de ver con otra mirada el fondo de las cosas y encontrar a Jesús, a quien se da de beber en este transeúnte.

el que beba del agua que yo le daré **nunca más tendrá sed**: el agua que yo le daré se **convertirá** dentro de él en un **surtidor de agua** que salta hasta la vida eterna

La experiencia del encuentro con Jesús en la sed del sediento a quien se sirve agua, abre el acceso a una vivencia del Señor que transforma de bebedor en surtidor hasta la vida que permanece para siempre.

Se entra en un servicio que permite una novedad: no tener sed sino ser siempre quien apaga la sed del necesitado.

"Señor, dame esa agua: así no tendré más sed, ni tendré que venir aquí a sacarla."

Se da paso a la conversión hacia el Jesús desconocido en el sediento y una nueva existencia al servicio de los sedientos.

Lunes 3 de Cuaresma

2Reyes 5,1-15ª

por su medio el Señor había dado la victoria a Siria

La Palabra en el autor humano propicia un juicio de fe sobre acontecimientos de la historia de otras naciones fuera de Israel, desde la perspectiva del dominio universal del Dios de Israel.

Ya no hay ámbito fuera de su intervención salvífica, aunque no se vea a la primera una consecuencia para Israel.

En una incursión, una banda de sirios llevó de Israel a una muchacha, que quedó como criada de la mujer de Naamán

Los hechos aparentemente inocuos aparecen en la Palabra realzados por la inspiración del Espíritu del Señor.

Aprendemos así a valorar lo pequeño como pieza providencial de su amor en la historia para transformarla en liberación, salvación, plenitud de vida.

Así como una noticia sobre la curación de la lepra llegó a oídos de Naaman, por mano de una esclava, otras informaciones relevantes para la vida de personas y pueblos, pueden llegar a constituirse oportunamente en presencia salvadora del Señor.

Naamán se puso en camino, llevando tres quintales de plata, seis mil monedas de oro y diez trajes

Pero la lógica infatuada del poder humano gestiona la humilde información de la doméstica como asunto de estado.

Nuestra grandilocuencia, jactancia y retórica torna una y otra vez para querer hacer sombra a la dinámica del Espíritu, sencilla, confiada, callada, eficaz.

Fijaos bien, y veréis cómo está buscando un pretexto contra mí.

Hoy en día cuando queremos que algún constructo nuestro sea reputado por digno de credibilidad y confianza, lo titulamos "teoría".

Así cuando la malicia y suspicacia echa a correr un rumor o especula, le llamamos "teoría de la conspiración". Y con eso nos parece que está acreditada como científica, el máximo galardón intelectual de nuestra cultura positivista.

Pero falló la especulación suspicaz del rey de Israel, aunque no era extraño estar prevenido con un Imperio al acecho.

Muchos argumentos y juicios se elaboran sobre presunciones y conjeturas enfocadas en agendas ocultas, no en verdades.

Las manifestaciones públicas de tales subjetividades erosionan la verdad y entorpecen el logro de su encuentro. Hacen fatigosa su búsqueda, hasta el extremo de ser tentados en renunciar a ella.

Pero la verdad se da a conocer temprano o tarde, y hay que servirle con paciencia y serenidad.

¿Por qué te has rasgado las vestiduras? Que venga a mí y verá que hay un **profeta** en Israel.

Un profeta entonces para un no israelita es como un adivino o derviche, casi brujo.

En Israel este servicio va camino de una evolución distinta: se trata de la voz u oráculo de Yavé, el Dios de Israel.

Y por lo tanto una divinidad que habla y se manifiesta como un ser vivo y con quien se establece una relación personal.

"Ve a bañarte siete veces en el Jordán, y tu carne quedará limpia."

Continúa la enseñanza del Señor por los medios más humildes y sencillos.

Yo me imaginaba

Uno piensa sobre el cómo de la salvación, y se sorprende del cómo de su realización.

La regla de oro de la intervención del Señor en la transformación de la vida de las personas es la sencillez y pobreza de medios.

Porque así se marca la desproporción y contraste que hace vislumbrar la otredad o alteridad de Dios.

y que, puesto en pie, invocaría al Señor, su Dios, pasaría la mano sobre la parte enferma y me libraría de mi enfermedad

Se contrastan dos imágenes o conceptos de la divinidad. La de Eliseo se muestra casi imperceptible, con gran economía de medios en su intervención, tan cotidiana como lavarse en un río. Se muestra una relación entre Eliseo y su Dios de gran familiaridad y confianza.

sus siervos se le acercaron y le dijeron

Los humildes tienen más sensibilidad con la proximidad de ese estilo sencillo de hacer por parte del Señor.

Cuanto más si lo que te prescribe para quedar limpio es simplemente que te bañes

Como la realidad teológica del bautismo que no deja de ser un baño, un diluvio que arrasa con todo impedimento, para el crecimiento en el seguimiento del evangelio.

"Ahora reconozco que no hay dios en toda la tierra más que el de Israel."

Porque glorificarlo por su intervención es nuestro gozo y salud.

Este es el fondo edificante de la narración: sólo Yavé es Dios.

Un credo que se va estructurando mediante realidades humanas, incluso hasta contrarias que pueden abortar su confesión.

Salmo responsorial: 41

¿cuándo entraré a ver / el rostro de Dios?

Cuándo terminará este dominio del símbolo y traspondremos a la realidad sin velos?

Envía tu luz y tu verdad: / que ellas me guíen

La luz produce un ambiente que por su iluminación permite ver lo que hay.

Semejantemente la luz sencilla y humilde, que ni siquiera advertimos casi por lo acostumbrados que estamos y la presuponemos, nos permite mirar, ver y observar.

En el ambiente de la luz del Señor, si vamos más allá de darla por descontado, y contemplamos con sencillez y maravilla lo que nos permite ver del Espíritu, logramos presencias no advertidas usualmente.

En este medio precario que es la realidad histórica.

que te dé gracias al son de la cítara, / Dios, Dios mío

Saber darte gracias con generosidad por tu multiforme presencia e intervención es también tu gracia y nuestro gozo.

Lucas 4,24-30

Os aseguro que ningún profeta es bien mirado en su tierra

Porque lo obvio y lo acostumbrado lo miramos con desdén, cuando una mirada sencilla y en la luz del Señor nos ayudaría a penetrar esa superficie y descodificar significados relevantes, que oscurecen las apariencias.

Y muchos leprosos había en Israel en tiempos del profeta Eliseo; sin embargo, ninguno de ellos fue curado, más que Naamán, el sirio

No es el extranjero inversionista sino el enfermo leproso el que es relevado por la Palabra de Jesús.

Como hoy migrantes de todas las razas van ingresando en regiones que pretenden para su subsistencia y progreso.

Ellos no son muchas veces bienvenidos porque no son los extranjeros ricos que invierten.

Sin embargo también pueden aportar riqueza de todo tipo.

Porque el extranjero bendecido en la Palabra es el que recuerda al pueblo cómo fue su condición cuando estuvieron oprimidos y cómo los libró el Señor.

Jesús aborda otro sentido en el relato de Naaman. Ese sentido lo vincula al kairos que él representa por parte del Padre de los cielos.

Su carne no es suficientemente transparente para que se revele con evidencia ese Señor.

Su don de profecía no funciona ante la incredulidad de sus paisanos, que creen conocerlo suficientemente.

Estamos ante una actitud como la de Naaman frente a la sencillez del remedio de la lepra ofrecido por Eliseo.

Tal sencillez, tal humanidad no basta a la poca fe para suscitar cambios.

Y así hay lugares y épocas donde el cambio no es posible por la poca fe en el sencillo liderazgo con el que se convive.

Se ilumina otra faceta de la historia: el Dios único, Yave, y su profeta son reconocidos y confesados por extraños y no por los propios de Israel.

¿De quién depende que esto sea así? Del endurecimiento de los propios y de la apertura de los extraños.

todos en la sinagoga se pusieron furiosos y, levantándose, lo empujaron fuera del pueblo hasta un barranco del monte en donde se alzaba su pueblo, con intención de despeñarlo

Por lo tanto no fueron solamente los miembros de la elite quienes buscaron la muerte de Jesús, sino parte del pueblo a quien no convino aplicarse su enseñanza. Porque la verdad puede endurecer más a los endurecidos.

¿Seremos los servidores del evangelio capaces y fieles para enseñar la verdad aunque le duela al pueblo? Más bien parece que buscamos alianzas de poder con él y convenientemente rehuimos la libertad para dar a todos el Espíritu.

Y así nos hacemos cómplices de su endurecimiento.

Martes 3 de Cuaresma

Daniel 3,25.34-43

no nos desampares para siempre, no rompas tu alianza, no apartes de nosotros tu misericordia

Resulta difícil creer que un pueblo centre su fe en el Misericordioso Alá, pero tenga gente inmisericorde entre sus creyentes, como los fundamentalistas radicales.

También en Israel se celebraba la misericordia del Señor, el de la Alianza eterna, pero con el enemigo no había perdón posible, aplicando la ley del talión.

Ni siquiera Jesús, que practicó la misericordia con el perdón al verdugo, lo ha logrado inspirar a la totalidad de sus seguidores.

Pero no hay otro medio, sistema o estructura sino el que se inspira en el perdón al enemigo y emprende la reconciliación.

Por Abrahán, tu amigo; por Isaac, tu siervo; por Israel, tu consagrado; a quienes prometiste multiplicar su descendencia como las estrellas del cielo, como la arena de las playas marinas

Se invoca un memorial del Señor al Señor: si en varias ocasiones manifestaste tu bendición y favor como signo promisorio de bienes mayores, de bien común, en este momento de prueba nos viene bien recordarlo para no desfallecer, y recordárselo al Señor para moverlo a misericordia y a una intervenciòn favorable. No tenemos mucho más a nuestro haber para confirmar la fe, sino recordar la historia de intervenciones favorables, y haciendo pie en ellas mirar el horizonte futuro con esperanza. Así el recuerdo se convierte en memorial y éste se carga de energía del Espíritu para mantenernos en pie esperando.

hoy estamos humillados por toda la tierra a causa de nuestros pecados

Nosotros somos responsables directos e indirectos del mal que nos aqueja.

Un primer fruto de la prueba es el nivel de conciencia responsable al que se accede.

No se rehuye la responsabilidad de pecadores. Más bien se reconoce que sus consecuencias y la red que forman van más allá de lo que se puede llevar, crecen solas y se vuelven contra nosotros nuestras iniquidades.

En este momento no tenemos príncipes, ni profetas, ni jefes; ni holocausto, ni sacrificios, ni ofrendas, ni incienso; ni un sitio donde ofrecerte primicias, para alcanzar misericordia

Israel vivía en el destierro el más grave de los momentos de su existencia, cuando a manos de los Neobabilonios sufren la destrucción de Jerusalén, el arrasamiento de Judá y la expulsión de su propia tierra a un lugar donde volverían a ser extranjeros.

Hemos vivido alguna frustración cuando perdemos cualquier punto de referencia en nuestra vida? Quizá sí.

La Palabra es pródiga en reflejar situaciones humanas que lo muestran, como la historia de Job, la huida de Elías, la agonía de Jesús.

En su experiencia mística algunos espirituales como Ignacio de Loyola o Juan de la Cruz han expresado su conciencia de desamparo y confusión.

No nos es ajeno algo así en medio de nuestro itinerario vital y entonces reconocemos que la única fuerza viene de la fe en el designio apropiado y la solidaridad de los demás.

La más grande postración y descalabro que los despojó de sus bienes apreciados en los que fundaban los valores de esa sociedad.

En el exilio fueron reducidos a la pobreza absoluta, desde la cual, desnudos, descubrían al Señor como única salida.

Para Israel bíblico llegó un momento de extrema desnudez y orfandad. En la mirada de los otros pueblos, su desaparición implicaba también el descrédito de su divinidad. En cierta forma el descalabro de Israel había atraído el descalabro y muerte de su Dios Yavé.

En nuestro tiempo en ciertos momentos el pueblo de Dios y sus pastores han caído en el descrédito. Y las donaciones y la membresía ha disminuido. Se ve y suena mejor no pertenecer a ese grupo, para no verse humillado por la mirada arrogante de los no creyentes. Estamos humillados por nuestros pecados.

Líbranos con tu poder maravilloso y da gloria a tu nombre, Señor

La Palabra nos puede acusar de escudarnos en la penuria para no reconocerla en su prestigio, cuando actúa en nuestro favor y salvación.

No somos tan generosos para dar gracias con corazón contrito y espíritu humilde. Pronto nuestra memoria de agradecimiento se esfuma para dar paso al olvido y a otra cosa.

No sólo somos siervos inútiles, sino beneficiarios ingratos que precisamos cambiar de actitud.

acepta nuestro corazón contrito y nuestro espíritu humilde

Lo único que le quedó a Israel que ofrecer: un corazón arrepentido, era precisamente lo único que el Señor aceptaría. Había muerto la religiosidad del sacrificio de cualquier cosa y su aparato o estructura sustentante. Se iniciaba el eón de la adoración en Espíritu y en Verdad.

Salmo 24

Señor, enséñame tus caminos,

No te canses de enseñarnos porque somos duros para aprender.

haz que camine con lealtad

Porque leal no es sólo quien guarda las espaldas del amigo en las buenas y en las malas y defiende su causa, poniéndose de su lado, sino también quien reconoce la generosidad y el bien que el amigo derrama en la propia existencia.

Recuerda, Señor, que tu ternura / y tu misericordia son eternas;

Y tu paciencia ante nuestra limitación es infinita.

Nuestro olvido y mezquindad para reconocer puede ser reconsiderado por la eternidad de la amistad del Señor.

Su lealtad eterna compensa nuestra infidelidad temporal.

Tenemos de nuestro lado su Palabra eterna, la cual nos protege de cualquier cambio adverso.

hace caminar a los humildes con rectitud, / enseña su camino a los humildes.

Humildes por la humillación padecida, pero humildes por la libertad profunda desarrollada desde la humillación.

Con lecciones cotidianas para afrontar la malicia de cada día.

Mateo 18,21-35

Señor, si mi hermano me **ofende**, ¿cuántas veces le tengo que perdonar? **¿Hasta siete veces?**

No te digo hasta **siete veces**, sino hasta **setenta veces siete**.

No lo necesario sino muchísimo más. Ni lo cuentes, porque es más allá de cualquier límite cuando no hay límite.

El señor tuvo lástima de aquel empleado y lo dejó marchar, perdonándole la deuda

Nos cuesta tener lástima, fundamentados en la presunción que en esa forma empequeñecemos su autoestima.

Tener lástima, sentir misericordia es el principio que mueve nuestras entrañas a la solidaridad.

La reacción del mundo contra tener lástima más bien puede ser porque nos quedamos en ese sentimiento sin hacer nada para cambiar la situación de la víctima.

Y además no queremos sentirla para que nuestras defensas del individualismo se vengan abajo y quedemos expuestos y vulnerables. Así creemos escapar a la posible manipulación de nuestra libertad.

Pero nunca tendremos certeza de si somos engañados por el otro que causa lástima.

Se trata de una decisión que solo puedo tomar de buena fe, arriesgándome incluso a ser tomado por tonto.

Un señor de aquel entonces, pero también de ahora, pudiente y rico, no lo llega a ser por ser débil como para tener lástima.

En este caso es un señor distinto que plantea una alternativa en el dominio del señorío: señorío con misericordia.

¿No debías tú también tener compasión de tu compañero, como yo tuve compasión de ti?"

Y así, no terminamos de aprender a orar el Padrenuestro en la actitud del mismo Jesús, teniendo lástima del que nos debe: dinero, reconocimiento, favores, amor…

El ángulo preferencial de nuestro enfoque interpretativo de la fraternidad y la igualdad, es la misericordia. Preferir ceder a asfixiar, conceder a negar, acceder a cerrar. Es la única forma permanentemente eficaz de volver carne al corazón de piedra.

Miércoles 3 de Cuaresma

Deuteronomio 4,1.5-9

Ahora, Israel, escucha los mandatos y decretos que yo os mando cumplir. Así viviréis y entraréis a tomar posesión de la tierra que el Señor, Dios de vuestros padres, os va a dar

Ahora y siempre no hay pueblo sin una organización, así sea mínima, que a su vez es su constitución, su identidad, su ethos.

Termina expresándose oral o por escrito en fórmulas preceptuales que exigen respeto y obediencia, y así aseguran cierta estabilidad y orden.

Así es viable vivir en alguna forma y con alguna calidad y de lo contrario morir, si se transgrede.

Sin embargo tal conveniencia no es evidente ni de consenso general, porque se dan periodos de inestabilidad y desorden.

Para unos tales crisis son manifestación de caos y para otros de crecimiento y ajuste.

Lo cierto es que trigo y cizaña crecen juntos y hay que discernir constantemente

La actitud y habilidad de escuchar abarca poner atención, entender el lenguaje, comprender el significado, y disponerse a poner en práctica y actuar.

Lo que queda fuera de este control humano es el logro o éxito absoluto de tal práctica.

La Palabra humana no asegura que se la escuche. Lo pueden decir los padres que se quedan hablando a los hijos que ni escuchan, ni siquiera oyen.

Lo pueden decir también los maestros cuyos discípulos están distraídos en otra cosa.

La Palabra del Señor es poderosa porque se hace escuchar a pesar de nuestra falta de atención y voluntad de escuchar.

Sin embargo Ella también lo hace y enseña a hacer en forma sutil, paciente ante la falta de atención y voluntad del escucha.

Solicita suavemente la fe de la adhesión y la obediencia, aguardando los tiempos para la maduración de la libertad humana, tan arisca y recelosa de cualquier sombra de imposición.

Porque hombres y mujeres aun creyentes, repudian que se les arranque la escucha con violencia.

El islamismo cobija una gran cantidad de creyentes en diversas partes del planeta. Hoy se encuentra en el foco por las actuaciones de sus miembros más radicalizados y fundamentalistas, porque se perciben provocados históricamente por el occidente, sus creencias y estilo de vida laico.

Algunos pensadores islámicos han llegado a expresar que esa violencia sectaria es constitutiva de todo el islam, porque nunca ha superado su perspectiva tribal y que temprano o tarde hacia la violencia se desliza.

Otros no están de acuerdo por los ejemplos de convivencia pacífica que muchos de los creyentes islámicos han practicado a lo largo de la historia.

En todo caso occidente, excepto en caso de legítima defensa de la vida, deberá intentar sin descanso el diálogo razonable si quiere dar testimonio de poseer una actitud más constructiva y positiva que la de la violencia.

para que los cumpláis en la tierra donde vais a entrar

Nos quejamos generación tras generación de las estructuras que hemos ido levantando a través de la historia y cómo no han conseguido del todo paz, amor y justicia.

Nos dolemos hasta el cansancio por esta incompetencia y hasta nos culpamos unos a otros, irreconciliada y fratricidamente.

No hemos hecho en forma permanente el sentido o la conciencia sobre la necesidad de escuchar la Palabra, sus mandatos, y ponerlos en práctica, para así entrar en la tierra y vivir con calidad.

A pesar de eso el Designio avanza y nosotros con él.

Moisés hace de voz de Yavé Dios. Un pueblo, un grupo escucha y acepta esa encarnación. Para ello el líder ha hecho méritos: luchado con persistencia, asumido riesgos, confrontado autoridades, renunciado a comodidades y seguridades. Pero aún así ha tenido que recibir la rebeldía de la gente impaciente, por el tiempo que toman ciertas medidas a su favor.

Ponedlos por obra, que ellos son vuestra sabiduría y vuestra inteligencia a los ojos de los pueblos

Se da la percepción de que los pueblos no aprecian la sabiduría judeocristiana, ni estiman el legado de Jesús.

Incluso entre cristianos, la lucha por la estructura y su cambio, como señal del Reino de Dios, semeja una especie de guerra política, con poco aprecio del servicio humilde que se ofrezca hacer por el corazón humano para propiciar su proceso de conversión.

La mentalidad de sospecha, de conspiración, de crítica, está en un nivel que hace muy difícil la transmisión de un mensaje transparente, viable.

El emotivismo que se exacerba con las injusticias no deja entrar el equilibrio y ponderación que puede aportar el razonamiento o lo dificulta mucho.

Es un tiempo de paciencia, para dar testimonio de servicio y no de poder.

El sueño bíblico de Israel era un paradigma de justicia y derecho para el débil. Un orden salvador por misericordia, que corregía la justicia injustamente aplicada.

Sigue siendo el paradigma de muchos israelitas, cristianos y otros que de lejos lo miran como referente.

Los cristianos creen en la cristalización de ese sueño en Jesús de Nazaret, paradigma de realización auténtica de la salvación por una justicia misericordiosa.

entraréis a tomar posesión de la tierra que el Señor, Dios de vuestros padres, os va a dar

Mirar la tierra en la que te adentras como prometida por un líder que habla en nombre de su Dios, supone un acto de fe, una convicción religiosa, pero tiene un impacto político que todavía se deja sentir, y es fuente de guerras y derramamiento de sangre.

Pudo el Señor de la Paz, y dueño de la historia concebir un designio que significara muerte para muchos, cuando lo que prometió era tierra para tener vida?

Más bien de su parte siempre hemos oido a través de los enviados designios de paz y fraternidad. Los torcidos somos nosotros, que no atinamos a cumplirlos en su verdadero Espíritu.

Por eso requerimos una constante autocrítica de nuestra praxis, una verificación honesta de la distancia que se da entre lo que confesamos y lo que ejecutamos, y lo que queda en pie.

Es en esta reciprocidad de obediencia de fe en la que hacemos crisis y dañamos todo plan de paz

No terminamos por convertirnos a gran escala en un pueblo de Dios

¿hay alguna nación tan grande que tenga los dioses tan cerca como lo está el Señor Dios de nosotros, siempre que lo invocamos? Y, ¿cuál es la gran nación, cuyos mandatos y decretos sean tan justos como toda esta ley que hoy os doy?

Nadie sabe lo que tiene hasta que lo pierde. No sabemos lo que hacemos. Y como dijo Jesús en cruz, que nos perdonen porque no sabemos el daño que nos hacemos.

Los convertidos al evangelio son los mejores testigos de la bondad de lo que muchos asumimos y vivimos con mediocridad, porque su conversión es una muestra de que escucharon una Palabra mejor que los convenció más y la aprecian con todo su ser y corazón.

Tal sueño nos entrega un Dios y Señor cercano y justo, humanizado en Jesús de Nazareth.

La motivación de obediencia es el memorial de su intervención constante en la historia y en su escucha a nuestra invocación.

Cómo será en otros pueblos la vivencia de la cercanía de sus divinidades?

cuidado, guárdate muy bien de olvidar los sucesos que vieron tus ojos,

Por eso es tan importante el memorial que siempre presente ante nuestra conciencia su cercanía favorable.

Salmo responsorial: 147

con ninguna nación obró así, / ni les dio a conocer sus mandatos

El error ha sido entender nación o pueblo en un sentido étnico, cuando más bien la Palabra se ha dirigido a todos los pueblos-etnias, para formar un solo pueblo.

En tres mil o cinco mil años de civilización documentada no hemos alcanzado aún ese sentido único universal.

Incluso la globalización actual mediática, tecnológica y económica no logra armar el único corazón que se unifica en la escucha de la Palabra.

Cuando este don de la elección se convierte en motivo de triunfalismo y no de misión, Israel pervierte su sueño.

La Iglesia Católica también cayó en la tentación del triunfalismo y su humillación secular hasta el presente se puede tomar como intervención del Señor para que retome la misión original.

Mateo 5,17-19

No creáis que he venido a abolir la Ley y los profetas

No solo pudo haberlo dicho Jesús para que los que le seguían no fueran a malentender que los convocaba a la desobediencia y la anarquía, sino también para aquellos que temían les arrebataran sus apreciados valores tradicionales.

Dos temores o actitudes: que no seamos suficientemente radicales en el cambio, o que no seamos suficientemente arraigados e inmovilistas en la tradición.

no he venido a abolir, sino a dar plenitud

Después de Moisés necesitábamos a Jesús, quien nos aporta el don del Espíritu que consiste en sabiduría y discernimiento, para escuchar y cumplir a la perfección la Palabra: ley y profetas.

Y así no sólo entrar en la tierra prometida sino construir el reino del Señor que dure siempre.

Jesús, más que Moisés, conoce el Espíritu de la Tora, y puede ir más allá de sus interpretaciones para cumplir a fondo con el designio.

Puede suceder un poco como la ley reglamenta la constitución, y alguien propone una interpretación más perfecta que cumple a cabalidad la norma constitucional.

El que se salte uno solo de los preceptos menos importantes, y se lo enseñe así a los hombres será el menos importante en el reino de los cielos

Sólo Jesús ha saltado y enseñado como quien observa más de cerca el precepto más pequeño.

Un ejemplo es su observancia del descanso del sábado que contrasta con la minuciosidad de su práctica entre algunos pasados y presentes.

quien los cumpla y enseñe será grande en el reino de los cielos

Ordinariamente las vidas humanas tienen existencias pequeñas. Una ínfima minoría lleva un trayectoria grandiosa a los ojos de los hombres.

En lo pequeños se suele tejer lo grande a los ojos de Dios. En la fidelidad pequeña se elabora el martirio sin sangre, pero testimonio del amor de Dios.

Se trata por tanto de una grandeza destinada para los obedientes discernientes que saben perfeccionar la tradición en el cambio de hombres y mujeres, corazones y estructuras, definitivo y eficaz.

Mínimo y grande implican una radicalidad en el cumplimiento de la Torá que llega hasta el mínimo detalle. Rigorismo vs. laxitud?

Se buscaba tranquilizar a los judeocristianos, más ortodoxos que los gentiles convertidos a las comunidades seguidoras de Jesús, después de su muerte?

O Más bien, un llamado a ir detrás de Jesús en sus propuestas interpretativas de la Alianza, asumiendo que él es el maestro y Espíritu de la Ley.

Jueves 3 de Cuaresma

Jeremías 7,23-28

Escuchad mi voz.

Un acumulado de preocupaciones pugna para interferir su voz.

En su momento San Ignacio en los ejercicios espirituales proponía ciertas estrategias para reducir esa pugnacidad y estática. Aplicarlas requiere generosidad, entrega, buena fe y voluntad de escuchar al Señor.

Sin embargo vivimos en tiempos de sicologías débiles de voluntad, en los que las afecciones neuróticas, psicóticas, los trastornos de todo tipo se muestran como los acompañantes permanentes nuestros.

Parece entonces que hay que poner el foco en terapias que ayuden a descontaminar la debilidad de la voluntad para escuchar al Señor y su designio.

En los ejercicios se ofrecen algunas iniciativas para reducir el ruido interno, que pertenecen al común de las espiritualidades del siglo XVI.

Muestra del interés y la preocupación por los aspectos humanos, los hábitos que entorpecían la sensibilidad al Espíritu.

La pregunta para nosotros es: qué hacemos para escuchar la voz del Señor? Nos disponemos y cómo, para ser eficaces en eliminar las interferencias? En esto se muestra generosidad y determinación como parte de la viveza de mi propia fe?

caminaban según sus ideas, según la maldad de su corazón obstinado, me daban la espalda y no la frente

No es una condena sino un señalamiento, una advertencia para que desoigamos en nosotros lo que proviene de la maldad que reincide, obstinada.

Hoy suavizamos en base a una antropología comprensiva y permisiva, que en la práctica ignora la maldad anidada y su potencial destructivo.

Es como un adagio ideológico: el que piensa en el mal es el que lo crea, porque de suyo sólo hay bien. Con lo cual se parte de la contradicción de que piensa y crea el mal, el que siempre es bueno.

En todo este proceso quien sale perdiendo es la capacidad de responsabilidad y la redención, consecuentemente.

Podemos ser tan ciegos para creer que hacemos bien, cuando no es así en realidad.

Tenemos pecados ocultos, tinieblas cegadoras, luces engañosas, egoísmo ilusionista.

Ya puedes repetirles este discurso, que no te escucharán; ya puedes gritarles, que no te responderán

En el oráculo humano de la Palabra hay tonos de impaciencia y fastidio, ante la desobediencia sostenida del pueblo.

Mas sin embargo no hay una condenación absoluta en esa protesta, porque el Señor sigue buscando a un pueblo, a su pueblo.

Esto nos demuestra la calidad de su salvación, que es amorosa, incansablemente amorosa.

El Señor redunda en ternura y misericordia, según la concepción hebrea, o en ágape según la griega.

Lo pongamos como queramos, Él no es como nosotros, que nos cansamos e impacientamos cuando amamos.

Nosotros, liberados a nuestras solas fuerzas, construimos un ágape volátil e inconstante, porque nos disgustamos y peleamos continuamente, y no paramos de hacernos daño unos a otros.

Si notamos en nuestra relación fraterna que logra sostenerse más con paciencia y tolerancia, se debe al Espíritu que hace su trabajo desde lo profundo de nosotros mismos.

La sinceridad se ha perdido, se la han arrancado de la boca.

Es un lema que puede funcionar como epitafio sino reaccionamos.

Por la desfachatez de ciertas costumbres y el modo de airear escándalos, maledicencia y difamación, buscando el poder, podemos decir que hemos perdido la sinceridad.

Salmo responsorial: 94

Venid, aclamemos al Señor

No obstante aclamemos al Señor. No hay otro como él.

el rebaño que él guía

Él sigue siendo nuestro guía. No tenemos otro.

cuando vuestros padres me pusieron a prueba / y me tentaron, aunque habían visto mis obras

Los milagros y señales que el Señor nos comunica frecuente y amorosamente en nuestra existencia, no son suficientes para mantener el corazón humano en acción de gracias, si no dejamos seducir nuestra libertad por el impulso de su Espíritu.

Más bien nuestra condición normal es de olvido y consecuentemente de ingratitud.

Dudar del Señor, no obstante sus obras, es la más grande ofensa.

Hemos visto tus obras, no tenemos por qué dudar, ni desconfiar. Debemos ser fieles en la confianza.

Lucas 11,14-23

Si echa los demonios es por arte de Belzebú, el príncipe de los demonios

Jesús, para esos adversarios, era un creador del mal, no un dador de bien, porque ubicaba demonios y podía con ellos desde su potencialidad demoníaca.

Contaminar una obra buena con nuestro mal juicio y prejuicio, es señal de mala fe o de inconsciente ligereza.

Si también Satanás está en guerra civil, ¿cómo mantendrá su reino?

Pero Jesús utiliza un simple razonamiento: puede lo malo tener un enemigo que lo derrote? Ese es Jesús de Nazareth.

Hoy podemos decirlo así: Acaso una iglesia particular, en nombre de Jesús, puede decirle malo a lo que nosotros no vemos así? Tal iglesia es mala porque condena como malo lo que vemos bueno? El sentido común nos dice que sabemos cuando hacemos mal y cuando nos engañamos, queriendo aparentar bien.

Jesús es atacado en su credibilidad porque sus buenas obras para los adversarios son producto del demonio.

Pero con la misma lógica ninguna buena obra es creíble, como íntegramente buena, si se albergan sospechas de una autoría maligna.

En cierta forma, atacar la bondad y ternura del Dios de Salvación, es atacar el fundamento de toda credibilidad de lo bueno.

Y lo que queda, porque se nos echa encima, es una guerra de todos contra todos, porque nadie confía en otro u otra.

Jesús no actúa por odios o suspicacias. Sino con transparencia actúa para el bien siempre: sana al enfermo, alimenta al hambriento, defiende al indefenso, instruye al ignorante...

Porque la cultura moderna científica también echa demonios: la ignorancia, la miseria, la enfermedad, los trastornos. En nombre de quien? Hacer el bien es en nombre del mal?

Es una declaración pérfida y perversa.

Pero, si yo echo los demonios con el dedo de Dios, entonces es que el reino de Dios ha llegado a vosotros

Más bien lo propio del creyente sería considerar la buena obra como aportación al reino de Dios.

Ambos se relacionan, de modo que no veremos el reino entre nosotros si no creemos en la obra buena que salva.

Más bien hemos sido llamados por Jesús de Nazareth a una vida empleada en las buenas obras que hacen el Reino de Dios.

Lo cual también vale para la cultura moderna, que con sus estrategias para el bien busque servir al Reino.

Mas bien exorcizar desde el ámbito de Jesús, es purificar la mala intención, la mala voluntad que inhibe desarrollarse al buen obrar.

No son demonios mitológicos los que hay que echar, aunque éstos nos entretengan como espectáculo, sino las malas intenciones que salen de dentro y trastornan el buen obrar.

Viernes 3 de Cuaresma

Oseas 14,2-10

No nos salvará Asiria

En ti encuentra piedad el huérfano

La Palabra en el oráculo del profeta nace y se expresa en una situación concreta de la historia de un pueblo.

Israel, en el reino del Norte, pensaba que el apoyo de otro reino más fuerte lo libraría de una invasión.

Lo común es que los reinos se aliaran para tratar de no pelearse o resistir a otro más fuerte.

La Palabra realza como símbolo al huérfano, porque éste no cuenta con apoyo humano y representa la vulnerabilidad.

los amaré sin que lo merezcan

Así el Señor muestra su unicidad, su originalidad en la calidad del amor y de vínculo que establece.

Nosotros, solo después de un transitar carismático, de gracia, logramos entrever que es mejor dar que recibir, y que el amor libre es el que perdona hasta al enemigo.

Como todo paciente en una terapia ofrece ciertas resistencias cuando debe emprender un cambio particularmente difícil, así nosotros en la terapia de amor a la que nos somete la Palabra, nos resistimos cuando se trata de amar al vulnerable.

Y nos escudamos en la posible utilización pérfida de su situación para manipular nuestra lástima y apoyo.

Puede ser verdad. Se dan casos.

Sin embargo no es suficiente para continuar nuestra entrega al servicio del ágape.

Rectos son los caminos del Señor: los justos andan por ellos, los pecadores tropiezan en ellos

Los justos que pueden caminar son los que no obstante las resistencias que surgen en el camino, avanzan.

Los pecadores en esa coyuntura se desvían, buscando otro camino menos compartido.

Unos desean conducirse como justos, pero también tropiezan, y otros pecadores quieren convertirse y también tropiezan.

El tropiezo no parece una señal nítida de nada. En todo hay ambivalencia, inseguridad y misterio y no queda sino anclarse en su misericordia, que suple en su hijo nuestra calamidad.

Tropezar en el camino recto es síntoma de pecado, de iniquidad, de injusticia, de amor errado por uno mismo.

Sin embargo no todo está perdido porque el Señor está pronto y disponible para apiadarse y perdonar.

Esto sólo se puede entender: que tropezamos en los caminos de la vida por egoísmo, si abandonamos la instrucción en la sabiduría y la prudencia que lo comprende.

Por eso el huérfano es como el justo: despojados de sí mismos, sin otro apoyo vivencial y existencial sino solo el Señor.

Pero también hay que entender que esta sabiduría arrincona frente al mundo, aisla de sus favores y aplauso.

La etiqueta que merece es la de perdedores. Mientras el mundo adora los ganadores.

Se debe por tanto aprender a vivir la humillación que acarrea el mundo, para vivir el gozo y la exaltación de la justicia. Un estado de solidez que enfrenta la afrenta mundana.

Hoy los medios de comunicación global pueden colaborar con el apabullamiento de la injusticia que hace el mundo, aun invocando la justicia que dicen hacer.

Porque la justicia que practica el mundo es la de los intereses propios y hasta inconfesables.

Salmo responsorial: 80

Te respondí oculto entre los truenos

En la teofanía del Sinaí, la Palabra ubicaba la voz del Señor en medio de una tormenta eléctrica.

Quizás como otros pueblos Israel, pasó una etapa de religiosidad animista, divinizando la tormenta.

Pero la Palabra los invitó a caminar los caminos del ágape. Aquellos que pueden caminar los justos.

yo soy el Señor, Dios tuyo, / que te saqué del país de Egipto

Así fue experimentando la originalidad y unicidad de Dios, más allá de las tormentas y no solo en presencia de ellas.

Ojalá me escuchase mi pueblo / y caminase Israel por mi camino!

El Señor que nos ama expresa anhelos de nuestra conversión, para acompañarnos por caminos de justicia.

El dolor que nos hiere, cuando volvemos a Él es la purificación de nuestro extravío.

Marcos 12,28b-34

"¿Qué mandamiento es el primero de todos?

En un escriba esta pregunta es una ironía, porque si alguien debe saber la respuesta es él mismo, estudioso de la Torá.

Pero sucede así con el exceso de información: no es garantía de un discernimiento del corazón, de una comprensión. El resultado es marasmo y confusión.

Así como tenemos analfabetos funcionales, que saben la técnica de la lectura pero no entran en la comprensión de lo leído, y se les escapa el sentido.

No hay mandamiento mayor que éstos

La respuesta es tradicional, pero recordada a quien se hace el ignorante.

Algo que se parece mucho a ciertas personas de nuestra época, quienes desdeñan lo sólido tradicional para así relativizar su compromiso de ágape con los demás.

Erigen la confusión como excusa y así no verse obligados a la buena obra.

"Muy bien, Maestro, tienes razón cuando dices que el Señor es uno solo y no hay otro fuera de él; y que amarlo con todo el corazón, con todo el entendimiento y con todo el ser, y amar al prójimo como a uno mismo **vale más** que todos los holocaustos y sacrificios."

Holocaustos y sacrificios en una sociedad teocrática era de buen ver: hacía pasar ante todos por justo y santo.

Las insignias de santidad y justicia no serán ahora los holocaustos y sacrificios en una sociedad laica.

Tiene su valoración en otras expresiones que dicen bien, y hacen pasar por tener la etiqueta que honra.

Frente a cualquier valoración de sociedades laicas o religiosas se propone la del mandamiento que son dos: amar al Señor y al prójimo.

"No estás lejos del reino de Dios."

La confesión es un mínimo en el camino del Señor, que saben andar los justos. Allí inicia todo. Es solo el comienzo. El primer paso en acercar lo que dista el reino.

Porque no sólo es decirlo: hay que valorar con la obra, en la vida.

Cuando es así ya se está en el Reino, se entra en él.

Sábado 3 de Cuaresma

Oseas 6,1-6

Vamos a volver al Señor: él, que nos despedazó, nos sanará; él, que nos hirió, nos vendará. En dos días nos sanará; al tercero nos resucitará; y viviremos delante de él. Esforcémonos por conocer al Señor

Jesús es el revelador de Dios Padre. Nos induce su conocimiento entrañable, vivencial. Nos comunica su familiaridad porque la vivió y la vive en su eternidad de mediador.

Qué nos comunica? Que los sinsabores, conflictos, dificultades, frustraciones experimentados en nuestra apropiación del proyecto de vida, del Designio, son expresiones del amor del Padre, no son pruebas, ni torturas, ni opresión de un poder prepotente.

Y si nuestro ego los toma mal y se resiste, pero no se convierte a su amor, la pasará peor, aunque inicialmente parezca que va bien. Porque nos alejaremos de la fuente de vida y languideceremos.

Nos despedazamos nosotros, nos herimos nosotros. Él nos acompaña y respeta, aunque su voluntad difiera.

Nuestras decisiones, condicionadas, enmarcadas, contextualizadas, situadas, engendran consecuencias que se constituyen en nuevos contextos, que a su vez constreñirán o influirán, más o menos en las próximas decisiones.

Una maraña que no podemos eludir y con la que sensatamente debemos contar. Y frustrados culpamos al Señor, porque no nos sale la cosa.

Esta es nuestra esperanza: que lo que pasamos sea una prueba de amor, un gesto que lo acerca, una intervención que salva nuestra existencia.

Vivenciarlo así es una muestra de la vitalidad de la fe, que lee las señales y los signos, más allá de su desgracia y calamidad.

Es el esfuerzo por apoyarse más en Él, nuestro Señor, que en nuestro dolor y estupor.

Pero tiene fin, porque lo tuvo y se mantiene en Jesús de Nazareth y su Espíritu con nosotros.

Estamos llamados a vivir una responsabilidad de nuestras decisiones, que engendren condiciones favorables para mejores decisiones y en vez de dañar a terceros, los engrandezcan, con nosotros.

Es la historia reversada, la contra-corriente, la contra-cultura, que hoy laboramos en el Reino de Jesús con dificultades, contrariedades y dolores, pero también con gozo y ánimo.

En breve tiempo, en muy poco tiempo. Porque la esperanza nutre el futuro de una realización, no de una realidad evaporada.

El amanecer se da, de tenue a palpable. La luz viene de suave a intensa. La lluvia temprana y tardía no es tormenta sino bajareque: va empapando, casi sin notarlo.

Es el amor-acción del Señor así: cumulativo, persistente, con imperceptible presión. Nos cerca sin descanso, como el can aguardando un gesto del amo.

Él es Señor y sin embargo lo trastorna todo actuando como siervo.

Dejándonos llevar por su Espíritu iremos a su profundidad y nos encontraremos con Él.

Dejándonos moldear por sus comunicaciones, más allá de lo impensable, y aun contra nuestra aceptación, iremos gustando de su modo de ser, adquiriremos esa sabiduría, y reconoceremos su paso.

Vuestra piedad es como nube mañanera, como rocío de madrugada que se evapora

Por nuestra tendencia a la inconstancia y superficialidad, las señales del amor del Padre, que sentimos dolorosas, buscan madurar nuestro agape, hacernos mejores amantes.

Cuando nos tienes cercados, nos acercas a ti. No dejas que te olvidemos, porque sabes que olvidamos con facilidad darte gracias.

Quiero misericordia, y no sacrificios; conocimiento de Dios, más que holocaustos.

No hay que dar tantas vueltas, ni elaborar mucho protocolo para el verdadero sacrificio.

Sólo conocer al Padre al modo de Jesús de Nazareth.

Su pluriforme interpelación es para que seamos como Él. Quiere rescatar su creación, su imagen y semejanza como misericordia.

Que le queda a la misericordia cuando la impotencia no permite hacer mucho por otro?

Las buenas palabras, los buenos deseos, la oración insistente y confiada en su intervención.

Salmo responsorial: 50

Misericordia, Dios mío, por tu bondad, / por tu inmensa compasión borra mi culpa; / lava del todo mi delito, / limpia mi pecado

Intentamos practicar ese tipo de borrón con algunas frases, como por ejemplo "Amor es nunca tener que pedir perdón".

Y dice mucho esa expresión de la generosidad del amor y aceptación que no hace cuenta de la ofensa.

Pero la propuesta del Señor en su Palabra va más allá, porque se trata de eliminar todo rastro de culpa, de modo que no retoñe como la mala hierba. Y no vuelva a intoxicar el futuro con la suspicacia, el miedo, el daño, la desconfianza.

Es como si el Señor hubiera diseñado una clima organizacional óptimo, auto-regenerable.

Los sacrificios no te satisfacen: / si te ofreciera un holocausto, no lo querrías. / Mi sacrificio es un espíritu quebrantado; / un corazón quebrantado y humillado, / tú no lo desprecias

Cuando estemos quebrados en la existencia sabremos de la oportunidad de hacernos sacrificio agradable.

El quebranto significa el descalabro de nuestra visión y nuestro control, para motivar la renuncia a nuestra conducta y la vuelta al modo del Señor.

Cuando algo dentro de nosotros, amargo como la confesión, sube a nuestra garganta, para que logremos exclamar: nos equivocamos. No atendimos las señales, y nos equivocamos.

Por aquí habría que comenzar todo: por la autocrítica honesta, valiente, generosa, dispuesta al cambio.

reconstruye las murallas de Jerusalén: / entonces aceptarás los sacrificios rituales

En el ágape convivido de la fraternidad se reconstruye el tejido social inicuo y victimario. Ahí se da el sacrificio que agrada al Padre de Jesús.

Porque nos habrás cedido tu espíritu, con el cual todo tendrá sentido y justicia, la que viene de ti.

Lucas 18,9-14

a algunos que, teniéndose por justos, se sentían seguros de sí mismos y despreciaban a los demás

Para determinar el sentido de la parábola, tal como está ubicada por el evangelista, conviene tener en cuenta el contexto en el que se crea.

Probablemente es el de la comunidad contemporánea al evangelista, a quien se le quiere catequizar en una situación concreta.

Así a Jesús se le vive y recuerda en las comunidades de fe, en las fraternidades de ágape, reflexionando en problemas concretos y buscando la mente, la actitud, el Espíritu de Jesús, tal como si Él estuviera presente.

Las parábolas de Jesús como enseñanza son situadas frente a actitudes y necesidades concretas.

Mira y conoce su auditorio, como buen Maestro para darles la palabra oportuna que se convierta en oportunidad de cambio.

Por eso gusta ya que no se presta a mantener la existencia tal como la están concibiendo, sino que les hace trastabillar en su seguridad, que es falsa y defensiva.

Si aramos en nuestra conciencia, no es difícil encontrar la actitud de superioridad con la que nos empinamos sobre otros, y los menospreciamos. Nos sentimos más justos, más justificados, más salvados.

De ese sentir emana una seguridad ofensiva al Señor, porque ya no lo necesitamos. Es como si la salvación fuera algo que por su posesión nos hace autosuficientes sin Él. Cuando la salvación es Él.

Uno era fariseo; el otro, un publicano

Dos íconos de ese momento: uno con prestigio y aura respetable; el otro con mala fama, pervertido por la corrupción y el colaboracionismo con el imperio.

porque no soy como los demás: ladrones, injustos, adúlteros; ni como ese publicano

El problema que se refleja en la comunidad es en este caso la discriminación entre hermanos, porque unos se creen más justos que otros. Se sienten mejores por lo que hacen.

Una situación que seguimos viviendo y es una peste de nuestras sociedades a todo nivel. Presumimos por situación social, económica, cultural, racial, religiosa, ideológica y por una lista interminable de razones.

Lo interesante es cómo por reivindicarse frente a tales

discriminaciones, se emprende una discriminación contraria, para sacarse el clavo.

Esta maravilla de justicia mediática, incurría con facilidad en el juicio del desacreditado publicano. Qué más da! Si ya es despreciado, tenerlo como despreciable e indigno de justicia no añade nada.

Porque a mí no me sucede lo que a otros, con lo cual me siento bendecido y justo, diría.

Incluso somos audaces y temerarios identificando a otros como pecadores, por las circunstancias que los envuelven.

El publicano, en cambio, se quedó atrás y no se atrevía ni a levantar los ojos al cielo; sólo se golpeaba el pecho, diciendo: "¡Oh Dios!, ten compasión de este pecador

Sin autocrítica, perdón y agape no hay solución definitiva. Ni podemos ser justos justificados.

Y mostraba la conciencia más pura de su indignidad. Había llegado muy lejos en el conocimiento de su ser pecador y esperaba el perdón, no la canonización.

La conciencia de ser pecador, de haber errado en el blanco, permite abandonar el derecho al reino de salvación. Entonces es posible entender que es gracia, amor gratuito.

Porque todo el que se enaltece será humillado, y el que se humilla será enaltecido

Es la frase más escandalosa que pueda haber imaginado el evangelio de la realización y éxito humanos en los diferentes sistemas históricos del logro y la fama.

El publicano es el anti-héroe diseñado por el Señor para hacer morder el polvo al héroe que forja la prepotencia en la cultura humana alienada.

Domingo 4 de Cuaresma

1Samuel 16,1b.6-7.10-13ª

Dios no ve como los hombres, que ven la apariencia; **el Señor ve el corazón**

Es lo que funda la esperanza en su misericordia, porque no oye uno u otro sino que tiene su propio juicio y el criterio que usa es el amor y la bondad.

En aquel momento, invadió a David el espíritu del Señor, y estuvo con él en adelante.

El Espíritu de Jesús resucitado nos ha invadido desde el bautismo y nos conduce, más allá y remontando nuestra resistencia, dependencias y codependencias.

Salmo responsorial: 22

repara mis fuerzas

Cuando creemos que íbamos a caer y todo había terminado contra nosotros, nos viene un nuevo aliento

Aunque camine por cañadas oscuras, / nada temo, porque tú vas conmigo:

Las que nos aguardan en el camino, y en ellas lo que nos puede acechar y hacer caer.

Efesios 5,8-14

En otro tiempo erais tinieblas, ahora sois luz en el Señor.

Se refiere a la nueva situación de la fe del creyente en Jesús. Una situación teológica, y también moral. Pero no necesariamente coinciden.

El creyente siempre, aunque caído, estará en una nueva situación respecto a su creencia. Se trata de un mundo nuevo, de una visión distinta de todo. A la vista tiene, si quiere, un conocimiento de lo profundo de la realidad.

toda bondad, justicia y verdad son fruto de luz

Porque son los frutos los que dan idea de la calidad del árbol

todo descubierto es luz

Aunque muchos no sepan todo, si un acompañante es testigo de lo oculto, esto secreto se hace luz y ya no es oculto.

Juan 9,1-41

"Este hombre no viene de Dios, porque no guarda el sábado."

En el discernimiento del designio utilizamos criterios que no son aptos para conocerlo en su significado preciso.

Aplicaron a Jesús y su obra de misericordia el criterio del descanso sabático, sin ponderar lo básico: que el amor a Dios en el amor al hombre y mujer, es prioritario antes del descanso legal en honor a Dios. Lo cual es bueno, pero lo otro es fundamental.

Lunes 4 de Cuaresma

Isaías 65,17-21

"Mirad: yo voy a crear un cielo **nuevo** y una tierra nueva: de lo pasado no habrá recuerdo ni vendrá pensamiento, sino que habrá **gozo** y alegría perpetua por lo que voy a crear. Mirad: voy a transformar a Jerusalén en alegría, y a su pueblo en gozo; me alegraré de Jerusalén y me gozaré de mi pueblo, y ya **no** se oirán en ella **gemidos ni llantos**; ya no habrá allí **niños malogrados** ni **adultos que no colmen sus años**, pues será joven el que muera a los cien años, y el que no los alcance se tendrá por maldito. Construirán casas y las habitarán, plantarán viñas y comerán sus frutos."

¿Qué proclama política de líderes contemporáneos, por decir algunos, vivos o muertos, puede equipararse ínfimamente a la propuesta espectacular de la Palabra?

Porque la novedad- no la innovación que nos ufanamos en etiquetar a nuestras obras cuando las queremos remozar- del Señor es tabula rasa de cualquier germen de antigüedad, vejez u obsolescencia que pueda contaminar lo nuevo.

Se trata de algo inédito, sin estrenar- sin que nada mediático pueda perforarlo por alguna filtración- para comunicar la primicia de la Palabra de Dios.

El gozo igualmente nace de la contemplación que esta misma revelación nos otorga con su comunicación, porque se trata de un contraste agudo con nuestra cansada y rutinaria realidad envejecida, donde todo nos parece ya visto.

Nuestro lenguaje humano no está hecho por defecto para transmitir tal realidad, a menos que recurra la negación de nuestras tristes realidades: gemidos y lágrimas, enfermedad de niños, muerte prematura.

La contemplación silente de la novedad de la Palabra es la única capaz de inspirar el conocimiento adecuado a nuestra comprensión.

Como en el momento de postración de Israel, durante su ruina en el destierro, cuando todo lo acumulado se perdió, el consuelo de su Dios, el que nos ha elegido para amarnos, desafía la sabiduría que brota del sentido común ordinario, y llama a un horizonte consolador.

Se requiere una fe profunda, animada por el Espíritu, para aceptar esa promesa en medio del dolor. La cual también es don del mismo Espíritu y hay que solicitarla.

Salmo responsorial: 29

al atardecer nos visita el llanto; / por la mañana, el júbilo

Cuando llega su liberación, cuando llega su consolación, toda la noche oscura queda atrás y casi parece que no existió.

Cambiaste mi luto en danzas

Es el único que transforma, no cambia simplemente.

Porque un cambio puede ser una sencilla re-distribución de lo que siempre hay, una reforma.

La transformación del Señor va más allá de la venerada revolución para muchos, que termina siendo en un cambio de unos por otros.

Lo que está en juego para la Palabra, su desafío es el siguiente: creemos en esta novedad?

Juan 4,43-54

El hombre creyó en la palabra de Jesús

Se propuso este modulo de creyente porque como funcionario real tenía un nivel de poder, como alguien al que no se le podía echar cuentos y fantasear.

Y éste termina creyendo en la novedad de Jesús de Nazareth, en su palabra sobre la curación de su hijo.

Porque eso es creer en Jesús: abrirse y contemplar la novedad de la creación que nos transmite. En ella no subsiste contaminación alguna de lo antiguo nuestro.

Martes 4 de Cuaresma

Ezequiel 47,1-9.12

Era un torrente que no pude cruzar, pues habían crecido las aguas y no se hacía pie; era un torrente que no se podía vadear

Una situación difícil de resolver en un ámbito de fe como el templo. Puede ser una situación simbólica. Es un torrente de vida, que sanea, con el acompañamiento del Espíritu que conduce.

Al desembocar allí estas aguas, quedará saneado el mar y habrá vida dondequiera que llegue la corriente

La Palabra no habla para anunciar desastres irremediables, sino para superar los que se vayan dando.

En nuestro mundo actual las aguas son un elemento esencial, son la mayor parte de nuestro planeta, el planeta azul, el planeta del agua: la Tierra.

Pero es un elemento amenazado por factores de cambio climático, por abusos de nuestras economías, por contaminación de nuestras culturas de desperdicio, contaminación y basuras, por la carencia y escasez de poblaciones que no tienen acceso al agua.

Pero se dan esfuerzos de concienciación, de sensatez en su administración, de mejor distribución, de saneamiento.

Estos esfuerzos están representados en el aporte de la Palabra, para volver a sanear lo deteriorado.

En todo esfuerzo curativo está la Palabra inspirando, iniciando, empujando, totalizando el saneamiento y la curación.

Es el reino que puja incansablemente por emerger y establecerse definitivamente.

Si todos convergiéramos y nos encontráramos en ese único esfuerzo de sanación personal, social, de la naturaleza y cósmico, sin odios, discriminaciones, repudios, rechazos y divisiones, probablemente se aceleraría nuestra curación total.

Por lo pronto la relación más sobresaliente es el tema ecológico, presente en casi todas las naciones de la tierra.

Existe una creciente preocupación por el agua: en algunos lugares escasa y mala. En otros sobreabundante y dañina.

Se trata de una fuente necesaria para la vida, que está amenazada por la escasez o la abundancia que mata.

Un resultado fijo es la precariedad de la vida, que un tiempo pareció estable como la creación, pero ahora se torna incierta por factores como el llamado calentamiento global.

En el fondo se denuncia el abuso por parte de los seres humanos, de unos más que de otros. Un tema ético, porque una generación está poniendo en apuros el futuro de otra.

Pero también se junta el tema de la desigualdad por la ambición y codicia del que más puede, por su potencia militar y económica, ya que amenaza las fuentes de vida de los que menos pueden.

Un clamor se levanta cada vez más alto y la protesta y rebeldía cunde, ante el asalto a que son sometidos estos recursos.

Y la Palabra asume el interés por su creación -envilecida una vez más - para generar buena voluntad de regeneración, para la creación sometida incluida.

La vida del agua que proviene del Espíritu y él acompaña, se proyecta a muchos seres para darles calidad de vida.

porque los riegan aguas que manan del santuario; su fruto será comestible y sus hojas medicinales

Se trata de promover un proceso, que es reconstrucción o refundación del paraíso, con realidades que aportan vida fértil.

Esta es la visión de una realidad deseable y quizás en ciernes, pero incierta en cuanto a su densificación y realización completa.

Salmo responsorial: 45

Dios es nuestro refugio y nuestra fuerza, / poderoso defensor en el peligro. / Por eso no tememos aunque tiemble la tierra, / y los montes se desplomen en el mar

La sensibilidad ecológica cuenta con el apoyo de la Palabra, y a ella debe su fuerza.

Es importante iluminar su presencia en las luchas por la conservación de la creación, para que no se conviertan también en una arena de confrontación de poder.

Necesitamos sentir en sentido fuerte y denso, que Él vive con nosotros: es Emmanuel. La aspereza de la existencia y el acusador, van erosionando esta convicción y por eso no debemos desmayar, en la oración que alimenta la fe del peregrino.

Venid a ver las obras del Señor, / las maravillas que hace en la tierra

En este empuje humano debe contar el Señor con su Palabra como fuente de vida, salud y sanación.

Volverle las espaldas, ignorarlo, prescindir de su presencia, además de empresa inútil es nocivo, porque nos aleja de la fuente.

Juan 5,1-3.5-16

allí estaban echados muchos enfermos, ciegos, cojos, paralíticos

La realidad inocultable y clamorosa de la indigencia humana patente, como testimonio de una solicitud de ayuda y solidaridad. Como una mano extendida pidiendo auxilio.

Estaba también allí un hombre que llevaba treinta y ocho años enfermo

En este campo sembrado de cruces de infortunio, unas destacan más que otras, por el largo periodo de opresión sufrido.

Toda una generación enfermo, esperando la curación, postrado, discapacitado.

Otro tema, que subraya hoy la palabra, muy en alza en nuestro tiempo. Porque se piensa más en los inválidos o discapacitados, y se les hace espacio en la sociedad.

No con toda la fuerza necesaria, ni con toda la congruencia, pero con mayor sensibilidad a esa realidad.

Una prolongada enfermedad o dolencia que hace vivenciar la desesperanza.

y sabiendo que ya llevaba mucho tiempo

Cúmulo de tiempo que mueve las entrañas de Jesús para sanar.

Quizá nuestra insidia se fije más bien, como hacemos hoy, en los enfermos que no fueron favorecidos, como agraviados en sus derechos. Más que en el don de la salud recuperada para un hermano, con quien debemos alegrarnos.

No es el único pasaje de los evangelios en los que el bien aportado por Jesús, se hace en medio de otros que no son favorecidos, y que pueden levantar sus voces de reclamo.

En qué hemos de fijarnos entonces: en lo que se hizo para dar gracias, o en lo que no se hizo para maldecir.?

El reino de Dios es un don de su amor, que hemos de recibir en sintonía con el Señor y su amor de sanación.

Porque una postración tan prolongada puede ser la sepultura de la esperanza. Jesús la resucita, le da vida a la ilusión de la salud. Porque Jesús requiere un resto de esperanza, como sustento de la intervención redentora del Padre.

Jesús se dirige a esta desesperanza acendrada y prolongada.

"Señor, no tengo a nadie que me meta en la piscina cuando se remueve el agua; para cuando llego yo, otro se me ha adelantado."

Toda una tragedia: cuarenta años casi sin un prójimo. Alguien que se le aproxime y auxilie. Casi como la falta de solidaridad de nuestras sociedades y culturas.

Hoy es sábado, y no se puede llevar la camilla

Este reparo al bien que hace el Señor es precisamente el sentido contrario a lo que busca provocar el signo del milagro.

La buena obra no es para causar más división, sino para converger la buena voluntad de todos y la solidaridad. Así como el Señor debemos hacer los demás: sanar, curar, liberar.

Se marchó aquel hombre y dijo a los judíos que era Jesús quien lo había sanado

Pero la peor de las ingratitudes y la incomprensión proviene del favorecido por la buena obra del Señor.

Se da cuando no hay acción de gracias y la vida sigue igual que antes, como si el Señor no la hubiera visitado.

Porque el signo milagroso es una señal para la conversión.

"Mira, has quedado sano; no peques más, no sea que te ocurra algo peor."

En esto muestra Jesús su pertenencia a una mentalidad que

atribuye la enfermedad al pecado? O más hondo, mira la realidad del pecado como resistencia al reino de la salud y salvación definitivas por parte del Señor?

Porque la sanidad del cuerpo expresa el bienestar del espíritu, o lo ayuda. Y la salud es un don del Señor que hemos de agradecer.

Así como la salud expresa la felicidad del Reino de Dios, la enfermedad es una amenaza a esa bendición como el pecado que es enemigo del Reino.

Cómo se aprende esta sabiduría?

Por esto los judíos acosaban a Jesús, porque hacía tales cosas en sábado.

No obstante el modo oficial de celebrar el descanso del Señor, Jesús sana ese día.

Es persistente esta práctica, como un eje central en su acción profética y su mensaje revelatorio: Él es alguien más que el sábado. El sábado se hizo para el hombre-él y los demás- y no al revés.

Es la primacía del amor por el vulnerable, aunque se pase por encima de leyes y normas que protegen un orden humano, quizás sensato pero no más amoroso.

Miércoles 4 de Cuaresma

Isaías 49,8-15

"En tiempo de gracia te he respondido, en día propicio te he auxiliado; te he defendido y constituido alianza del pueblo, para restaurar el país, para repartir heredades desoladas, para decir a los cautivos: "Salid", a los que están en tinieblas: "Venid a la luz.""

Jesús de Nazaret condensa, según los relatos de los evangelios, este anuncio gozoso. Él vivió el tiempo de gracia por el auxilio que el Padre le ofreció durante su vida a favor de otros desolados, cautivos y en tinieblas.

Según la teoría cognitiva vamos aprendiendo por especificación desde conceptos básicos y abiertos a la especificidad. Las oportunidades, coyunturas, circunstancias, encuentros en la vida van llenando esos básicos de especialidades y así nuestro conocimientos se va tornando cada vez más complejos.

Los básicos de la Palabra del Señor se dieron en la existencia de un pueblo, seleccionado para asumirlos con mayor genio que otros pueblos y culturas.

Ese genio la convirtió en un ethos: carácter único, proyecto específico, voluntad de logro hasta el presente.

La determinación que se da en Jesús de Nazareth, para sus creyentes y seguidores, desde hace , es la más alta y definitiva, fundamentada en los básicos de Israel, que étnicamente prosigue en la búsqueda de esa configuración final.

Porque los gentiles en Jesús y sus seguidores configuraron un Israel del Espíritu.

los conduce el compasivo

En las inmediaciones contextuales de los cantos del siervo de Yavéh se propone un esbozo de alguien por venir: un individuo y un pueblo. Serán compasivos.

Ser compasivo refleja una moción de esperanza que se transmite: vendrán otros mejores momentos. Y como señal y gesto concreto la compasión misma. Compasivos y compadecidos forman un pueblo-señal. Ellos comparten solidariamente la esperanza en gestos creyentes de amor. Y así se animan y construyen mientras aguardan.

Miradlos venir de lejos; miradlos, del norte y del poniente, y los otros del país de Sin.

Son muchos los que llegarán para ser compadecidos y cambiar su suerte.

¿Es que puede una madre olvidarse de su criatura, no conmoverse por el hijo de sus entrañas? Pues, aunque ella se olvide, yo no te olvidaré

Más que una madre, más que un Padre, es el Señor.

Un padre desconcertante-incluso para la mentalidad patriarcal- aparece en las parábolas.

Sin medida en su generosidad y amor a todos. Con predilección a los que soportan el rechazo y aislamiento del resto.

La gracia evangélica es una especial sensibilidad por la víctima que difícilmente alcanza algo de justicia y compasión.

Cuál podría ser el fondo que mueve la indignación ante la ofensa al más débil victimizado? El abuso de la fuerza? El aplastamiento de un ser indefenso? La captación de gracia, revelada por el Espíritu, que se trata de un hijo de Dios, hermano nuestro, que merece una vida digna, un mejor presente, un futuro promisorio? La percepción del derecho humano a vivir una libertad que lo afirme como protagonista de su propio destino?

Difícil expresarlo en una sola formulación pero es un conocimiento que nace de lo más profundo, carismático, donado por el Señor, que nos emparenta a Él, y nos hace su imagen y semejanza.

Si ya es difícil que una madre se olvide, pero sucede, con el Señor Padre no sucede.

Salmo responsorial: 144

El Señor es justo en todos sus caminos, / es bondadoso en todas sus acciones; / cerca está el Señor de los que lo invocan, / de los que lo invocan sinceramente

La imagen y semejanza como voluntad amorosa del Creador Padre-Madre se escenifica a la perfección en Jesús de Nazareth, quien la hace creíble con su muerte y se nos comunica con su resurrección.

Así queda despejado el camino para nuestra plena realización: divinizarnos como imagen y semejanza en nuestro justo y bondadoso caminar.

Se dan entonces las condiciones para que la familiaridad con Él se manifieste en su cercanía cuando lo invocamos.

Jesús nos orienta en la sinceridad para invocar al Padre, con el Padrenuestro: que nuestra gloria se apoye en la de Él, que nuestro destino descanse en Él; que nos fiemos de su paternidad para sostenernos en la existencia; que nuestra fraternidad de hijos de tal Padre sea hasta el extremo de perdonarnos; que nuestra vigilancia y alerta descanse en su protección para una vida confiada en su amor compasivo.

Ser sinceros para con Dios, más que una realidad, con mucha frecuencia es una presunción no comprobada existencialmente.

Es una vivencia inflacionada que no se corresponde totalmente con la realidad.

Nos sorprendemos no ser oídos, y es lo contrario, pero nuestra transformación hacia la sinceridad completa no camina con la misma velocidad.

Juan 5,17-30

llamaba a Dios Padre suyo, haciéndose igual a Dios

La experiencia de Dios aportada por Jesús de Nazareth es profundamente perturbadora para todos los que se meten a creyentes.

Unos miraban a Jesús como un blasfemo porque se hacía igual a Dios. Esa igualdad provocaba su odio fratricida. Como los hermanos de José, que lo odiaban por envidia de su relación con Jacob.

Los catequizados por Jesús y los que vendrían en la historia del cristianismo, ensayarían una nuevo modo de expresar la experiencia con Dios: la familiaridad.

Aparece entonces el otro extremo de la experiencia que es: ser igual a Dios, sin Dios. Ser divinos por antonomasia.

Y así nos debatimos entre dos extremos, pero sin poder olvidar que el programa a realizar es la divinización como experiencia de Dios, pero como Padre, con quien formamos una familia, y con los otros que son nuestros hermanos.

Respecto de la divinidad pensada desde la antigüedad hasta nuestros días, pasando por los ídolos, Jesús construyó la especificación más nítida: un Padre doméstico.

Él es el portador de un Padre/divinidad domesticada, amigable, familiar, benéfica, en cuya relación no cabe temor ni suspicacia ni paranoia.

El carisma del evangelista es más teológico, porque no va sólo a la causa obvia: el sábado, sino a la causa profunda: llamar a Dios su padre, transmitía una igualdad que ofendía el monoteísmo judío.

Los partidarios de que este carisma aporta casi exclusivamente la propia cosecha del evangelista y no se corresponde con la realidad, se basan en la voluminosa reflexión que sobre los hechos más desnudos, presenta el cuarto evangelio.

Así cabe preguntarse: el exceso de reflexión es apologético, que desea defender una postura pro-divinización del hombre Jesús? O es teológica, que profundiza en la lectura de fe de esos hechos y penetra en su realidad carismática, es decir, que se dona gratuitamente? Quién lee mejor según la auténtica realidad de las cosas?

el Padre ama al Hijo y le muestra todo lo que él hace, y le mostrará obras mayores que ésta, para vuestro asombro

El mundo del anti-reino no entiende este programa en el que hay que contar con el Padre para ser hermanos.

Se mantiene entonces la violencia que nace de violentar el Designio del reino.

Occidente en su tentación de divinización sin Dios Padre. Oriente en la exclusiva divinidad de Dios, sin familiaridad de Padre.

La nueva evangelización entraña la comunicación de una experiencia del Padre en el hijo Jesús de Nazareth, adecuada a las tentaciones de cada cultura, sin desfallecer en el Designio.

resucita a los muertos y les da vida, así también el Hijo da vida a los que quiere

Como una muestra de su divinización Jesús recibió la vida y la concedía. Como un signo que propagara esa intención del Padre Creador.

porque ha pasado ya de la muerte a la vida

Escuchar la Palabra es experimentar la vida nueva. En ella resurgimos de las cenizas del anti-reino para el ágape del reino.

los muertos oirán la voz del Hijo de Dios, y los que hayan oído vivirán

Será que cuando comparto la Palabra estoy consciente de la vida nueva que palpita en nosotros como una anticipo de nuestra divinización?

no busco mi voluntad, sino la voluntad del que me envió

La divinización al estilo de Jesús trata de una colaboración de voluntades, y su lucha a favor de los débiles es para que no se les obstaculice ser también hijos de Dios Padre.

Jueves 4 de Cuaresma

Éxodo 32,7-14

el Señor dijo a Moisés: "Anda, baja del monte, que se ha pervertido tu pueblo, el que tú sacaste de Egipto

La Palabra también hace conciencia en el dirigente, para que no huya al monte de su responsabilidad, y enfrente la desviación del creyente.

Pasaron los tiempos en que, por medio de la fuerza, se violentaba la conciencia humana para que creyera.

Por eso el dirigente, colaborador del Señor en el Designio, como Moisés colaboró con Yavé para sacar al pueblo de Egipto, debe ir a su pueblo a hablarle a la conciencia, para convencerlos de volver.

Nuestra oración constante deberá acompañarlos para que no desfallezcan en su misión, y nos quedemos huérfanos de pastores aptos.

Se atribuye a Moisés haber sacado al pueblo de Egipto. Ahora no se afirma que es el Señor, como si fuera iniciativa propia de Moisés. este liderazgo con un pueblo que se ha pervertido.

La perversión frecuente y constante del pueblo, no obstante los favores del Señor y los buenos oficios de los intermediarios, es un tema recurrente de la Palabra.

Es una manera de subrayar la distancia en el comportamiento: uno fiel y el otro traicionero.

Tales señalamientos son desesperantes porque no parece haber remedio permanente.

Tampoco nosotros en la buena nueva somos muy diferentes como pueblo. Quizá ahora utilizamos más los atenuantes de la responsabilidad por infidelidad, pero la perversión se mantiene a escala global.

Ha fracasado del todo el Señor? Es una victoria sólo para unos cuántos?

Se han hecho un novillo de metal, se postran ante él, le ofrecen sacrificios y proclaman:"Éste es tu Dios, Israel, el que te sacó de Egipto."

Hoy seríamos comprensivos y tolerantes con este fenómeno del pueblo. Buscaríamos causas culturales, sociológicas, psicológicas, económicas y casi podríamos justificar esta desviación de la idolatría.

Nos hemos vuelto permisivos frente a lo que está mal, y remisos frente a lo que está bien. Un buen trabajo del acusador.

Sin embargo la palabra es incansable en su señalamiento y en esto también es eterna.

Señala la idolatría como el fondo de las malas acciones: no tener fe auténtica en el el único Dios y Señor, como la causa profunda de todas las secuelas de perjuicios y males que nos azotan.

Así la palabra de Dios nos ayuda a corregir nuestro astigmatismo, y hacer pleno el señalamiento de cuán decisivo es optar por una visión-acción de fe, esperanza y amor que descodifique las circunstancias, bajo la clave del primer y segundo mandamiento.

¿Por qué, Señor, se va a encender tu ira contra tu pueblo, que tú sacaste de Egipto, con gran poder y mano robusta? ¿Tendrán que decir los egipcios: "Con mala intención los sacó, para hacerlos morir en las montañas y exterminarlos de la superficie de la tierra"

Moisés se la devuelve. Se trata de una colaboración. Y no cabe una destrucción total. Sino el perdón.

Interesante relación la de Moisés y su franqueza en el diálogo con Dios.

Jesús al contrario, descarga a su Padre Dios de toda culpa y sospecha de malas intenciones, porque asume que es el único bueno.

Es como si una revelación del Señor por la palabra, fuera superada por otra, debido a nuestro limitado entender.

Una intercesión interesante de Moisés, quien busca hacer recapacitar a un Dios furioso.

Voces que se alzan en medio del diálogo de la oración, quizás con interlocutores parciales y provisionales, mientras se va logrando la verdad completa: sólo Dios es bueno y no castiga, sino que ama sin violencia.

Y el Señor se arrepintió de la amenaza que había pronunciado contra su pueblo

Los antropomorfismos sobre el Señor son extraños, aunque no escasos, en la Biblia. No alejan sino acercan al Señor.

No son al estilo griego que hacen los dioses con vicios humanos, como para cohonestar el propio modo de vida. Más bien dan una visión del hombre que contraría el estilo de los hombres.

Aquí se trata de que Moisés convence a Dios para que se arrepienta de su ira. Lo ordinario en estos pueblos es una ira radical ante semejante tozudez y desviación.

Esto abre espacio más bien, a un Dios misericordioso, paciente, que ama su proyecto aunque le fallen eventualmente sus elegidos.

Y a una dirigencia que sabe soportar la tensión entre los intereses del Señor y las debilidades del pueblo que se desvía.

Por eso tenemos santos y mártires, para que apoyados en su memoria, hagamos presente al Señor y a nosotros, que no todo está perdido.

Yo debo aprender que primero nos desengañamos y arrepentimos nosotros, que tú de la misericordia.

Que de tu parte la intervención salvadora es permanente y definitiva en Jesús tu hijo.

Que las voces contrarias son modos engañosos y acusadores, para hacernos desistir de la fe y esperanza en tu misericordia y amor solamente.

Salmo responsorial: 105

cambiaron su gloria por la imagen

Nuestra tendencia es cambiar la gloria del Señor por nuestras imágenes.

Y es lo que Jesús nos enseña a pedir en primer lugar, porque nos afecta: santificado sea tu nombre.

Este es un misterio tremendo, que nos enardece de rebeldía: tienen que ser las cosas así?

Somos sujetos a la imagen, la necesitamos, porque la gloria de Dios a ratos no nos llega.

La imagen de Jesús es su intervención definitiva: es la gloria en la imagen.

Pero esta imagen se da en la fluidez del acontecimiento histórico y cultural.

La solución no parece completa.

O depende de nuestro empeño en hacerla funcionar como seguidores de Jesús: que resplandezca la gloria en la imagen, no obstante su precariedad histórica.

Se olvidaron de Dios, su salvador, / que había hecho prodigios en Egipto,

Tenemos una memoria frágil para recordar su gloria en los prodigios que nos prodiga.

Requerimos su acción de gracias radical, que es Jesús.

Moisés, su elegido, / se puso en la brecha frente a él

Jesús no se muestra en la brecha contra la decisión de Dios, sino todo lo contrario.

Se identifica con esa voluntad y proyecto, para que se transparente un Dios Padre, amoroso y paciente.

El pastor en seguimiento del Maestro, debe vivir adicionalmente la cruz de la tensión, entre el celo por el Reino de Dios y la misericordia por la locura humana.

Jesús pertenece a esa estirpe de hombres de la brecha, que se convencen por fe desde el Señor para seguir intentando.

Moisés muestra que la gloria de Dios ha prendido en el ser humano, porque es capaz de volverse a Dios a favor de sus hermanos desmemoriados.

Es como el que ya no ve las sombras de la caverna, sino mira la fuente de luz directamente: habla a la luz de los hombres, habla a los hombres de la luz. No siempre es aceptado. No siempre tiene éxito.

Juan 5,31-47

el testimonio que yo tengo es mayor que el de Juan: las obras que el Padre me ha concedido realizar; esas obras que hago dan testimonio de mí: que el Padre me ha enviado

La contemplación que Juan evangelista hace de Jesús y su obra, ofrece la visión de una persona que se autoafirma en su misión, como originada en el Padre. Las obras que lleva a cabo son señales en esa dirección.

Nuestra contemplación de fe se nutre de las señales que los enviados del Señor realizan como obras salvíficas.

También de las que el pueblo creyente actúa como resultado de su obediencia de fe.

La obediencia de fe en nuestro tiempo tiene un lenguaje de rebeldía, que puede mezclarse y confundirse con increencia.

Nos corresponde discernir si se trata de un anhelo de una comprensión más actualizada de la buena nueva, o lo contrario: una rebeldía destructiva.

Jesús es un hombre que pasó haciendo el bien con buenas obras: curaciones, revivificaciones, dando alimento, enseñando.

No eran para su gloria, porque reconoce que son del Padre. Son para la nuestra, porque se trata de nuestro beneficio.

Y así Jesús se muestra como presencia de la salvación del Señor y no como alguien de iniciativa propia y para sí.

Nunca habéis escuchado su voz, ni visto su semblante, y su palabra no habita en vosotros, porque al que él envió no le creéis

Creer en Jesús es la clave para escuchar la voz de Dios y Señor Padre, ver su semblante y habitar en su palabra.

Estudiáis las Escrituras pensando encontrar en ellas vida eterna; pues ellas están dando testimonio de mí, ¡y no queréis venir a mí para tener vida!

Es importante sondear nuestro corazón tras la lectura orante de la Palabra para determinar si la clave Jesús de Nazareth nos produce vida: una calidad de vida que no se extingue.

Por eso necesitamos las señales de las obras del Padre. Para saber si vivimos.

No podemos empeñarnos en la Escritura, sin llegar a Jesús y creer en él. No se hacen vida sin esa fe.

¿Cómo podréis creer vosotros, que aceptáis gloria unos de otros y no buscáis la gloria que viene del único Dios?

Porque nuestro modo corriente de proceder es el de dejarnos seducir por las obras humanas hasta el desengaño.

Porque en la imagen de Jesús llega la Gloria del Señor.

Si creyerais a Moisés, me creeríais a mí, porque de mí escribió él. Pero, si no dais fe a sus escritos, ¿cómo daréis fe a mis palabras?"

Una materia pendiente entre nuestros hermanos judíos, masivamente separados.

Viernes 4 de Cuaresma

Sabiduría 2,1a.12-22

se gloría de tener por padre a Dios

La reflexión teológica del evangelio no brota espontáneamente de la nada, sino que viene preparándose, tiene su antecedente, en la reflexión teológica de la tora, los profetas y los escritos.

Pero en Jesús encuentran su asidero y concreción historizada y humanizada.

Se dijeron **los impíos** razonando equivocadamente

La autosuficiencia de criterios para juzgar es un género de impiedad. Creer que se sabe todo y atenerse exclusivamente a su propia evidencia, sin otro análisis, sin consulta.

No se trata necesariamente de una muestra de irreverencia, o de la poca frecuencia en muestras de piedad religiosa.

Lo básico de la piedad es la identificación con el mensaje de salvación, con la Palabra, con el Reino: amar a Dios y al prójimo aunque sea enemigo. Y no exclusivamente, pero sí preferencialmente, a los excluidos.

Los pensamientos y juicios que brotan de esa impiedad yerran, aun cuando las apariencias ofrezcan alguna imagen de éxito.

Veamos si sus palabras son verdaderas, comprobando el desenlace de su vida

El desenlace es una prueba, porque se muere como se vive. Jesús sin embargo no fue librado y murió apelando a su Padre; y fue resucitado.

Está en nuestras manos cómo queremos pasar esa prueba: viviendo coherentemente nuestra fe cada día.

En las escrituras se da un bosquejo, un perfil de competencias, de quién asumirá un rol mesiánico, salvífico y redentor.

Surge la duda sobre hasta dónde lo narrado sobre Jesús es historia o midrash: actualización de la escritura en un momento concreto. Y cuanto de acontecimiento histórico le sirve de base.

no conocen los secretos de Dios, no esperan el premio de la virtud ni valoran el galardón de una vida intachable.

La mentalidad escéptica, agnóstica e iconoclasta de algunos hoy, pareciera provenir, entre otras, de causas como la impaciencia, desilusión, frustración, intolerancia.

En todo caso son como soldados que se fatigan de luchar, de vivir la tensión del combate, y desertan. Todos los creyentes activos debemos ver en ellos un alerta a nuestra propia tentación de deserción.

Pero también podría tratarse de mejores combatientes que pasaron a una lucha distinta: creer desde la increencia, sin apoyos dogmáticos, doctrinales, magisteriales. Un olimpo de hidalguía y nobleza, que no espera el placebo de la vida eterna.

Es una rebeldía, hermosa de contemplar, pero con grandes riesgos de afrontar una muerte casi suicida. Porque creer desde la increencia puede ganar más para la incredulidad que para la fe auténtica.

Quizás la llamada soberbia de los ángeles caídos es su buena fe en creer que podían actuar algo mejor con su rebeldía, para servicio de la gloria del verdadero Dios, y no como los demás que creían en la obediencia de la fe.

Cuánto influye en nuestra existencia la fe en un último estadio junto al Señor.?

Sólo así lo que Jesús ha vivido y testificado por nosotros tendrá significación.

Sólo así escaparemos al reproche sobre la alienación que nos acarrea creer en este fin, porque nos desconecta del curso de este mundo.

Si nuestra conducta es justa porque está animada por la esperanza del Señor, entonces contribuirá a un mundo mejor y mantendrá la fortaleza en las pruebas de la vida.

Salmo responsorial: 33

Cuando uno grita, el Señor lo escucha / y lo libra de sus angustias

No siempre es cuestión de gritar: pero la esperanza está en el clamor que sube al cielo, por parte de los sometidos a alguna forma de opresión, aun venida de propia mano.

El Señor está cerca de los atribulados, / salva a los abatidos.

El evangelio es buena noticia porque abre el compás de ésta cercanía de Dios.

Es Emmanuel porque se acerca a los pecadores oprimidos, no sólo a los justos.

La experiencia de la iniquidad, sin un fin previsible, en la que podemos -queriendo o no- ser cómplices, es la oportunidad salvífica para experimentar el mal del mundo, su pecado, y abrirnos a la sanación y perdón.

Se acerca a los que tienen verdadera necesidad, como el enfermo del médico.

Aunque el justo sufra muchos males, / de todos lo librará el Señor

En el giro ordinario de una historia particular el justo o el pío, vive librado de muchos males por la protección del Señor.

Eso no excluye las pruebas, que pueden sobrevenir, como oportunidades de amor y crecimiento en el Señor.

Ni se trata de una protección garantizada a prueba de fallo, hagamos lo que hagamos, porque nuestras malas decisiones son las que acarrean malas consecuencias con frecuencia.

Él cuida de todos sus huesos, / y ni uno solo se quebrará.

Mencionarlo en los evangelios muestra que Jesús llena el perfil de la Palabra y que su suerte está en manos del Señor que cuida de él.

Juan 7,1-2.10.25-30

En aquel tiempo, recorría Jesús la Galilea, pues no quería andar por Judea porque los judíos trataban de matarlo.

No estaba en el ánimo de Jesús dejarse atrapar en cualquier momento, sino cuando su Padre lo decidiera.

yo no vengo por mi cuenta, sino enviado por el que es veraz; a ése vosotros no lo conocéis; yo lo conozco, porque procedo de él, y él me ha enviado

Jesús muestra que conoce, mientras quienes lo conocen, muestran desconocer al veraz.

Es una tomografía computarizada del conocimiento ignorante del mundo, frente al verdadero conocimiento que nos aporta la Palabra por fe.

Por eso los creyentes cuando se fían del conocimiento que viene del Espíritu, leen los acontecimientos con una visión contemplativa donada por el Espíritu Santo.

Esa lectura es todo un estilo de vida piadoso, pío en el sentido antes mencionado en la primera lectura.

Sus efectos son la esperanza, la serenidad, la paciencia, y sobre todo, el anhelo de la mayor gloria de Dios.

Cuando el ejercitante, con la gracia del Señor, ha profundizado en los ejercicios ignacianos, emerge

con ese estilo de vida contemplativo del ágape, que acarrea la mirada iluminada de la historia corriente.

En lo sicológico nos podremos perturbar, pero por la fe vivenciamos un fondo de conocimiento del Misterio.

En Jesús de nazareth creemos obtener el acceso al Dios desconocido y desconcertante. No es más una divinidad ambivalente, entre amor y odio, sino todo amor, como una Padre único.

Una madre animaba a su hijo en agonía. Le afirmaba el amor de Dios, mayor que el de ella, quien lo había acompañado en todo el proceso de su enfermedad y lo animaba a entregarse confiado a ese amor. La propia madre era mensajera de un mejor amor que el suyo.

Si alguien sabe cómo amar a un hijo es la madre. Que ella salga voluntariamente del foco del protagonismo, para que la gloria del amor de Dios resplandezca, significa un testimonio relevante.

todavía no había llegado su hora.

Se mostraba unido al designio del Padre, de quien depende la hora postrera.

Sábado 4 de Cuaresma

Jeremías 11,18-20

tú, Señor de los ejércitos, juzgas rectamente, pruebas las entrañas y el corazón

Se hace difícil y complejo arribar a un juicio que defina una comprensión correcta de una realidad concreta, por la masa de información que nos apabulla, acompañada del barullo emotivo de la impaciencia y la crispación.

Se requiere un auxilio y soporte espiritual para mantener la energía y el entusiasmo por las buenas obras salvíficas, porque merodea la desilusión y la amargura.

Un creyente apóstol requiere nutrirse del trato frecuente con la Palabra, para que el vigor del espíritu no decaiga, y se eleve por encima y más allá de la contradicción.

Por evangelio no nos está permitido pactar con la corrupción que provoca el escándalo, pero la algarabía mediática continua que revuelve la basura del escándalo, como una cortina de humo que busca opacar las buenas obras, no se debe ni cultivar ni fomentar.

El mercado que se mueve por la codicia de la ganancia, también maneja el conglomerado de medios de comunicación. No le interesa respetar cualquier fuerza que se oponga a su ambición.

No debe ser tampoco para silenciarlos, cegando la libertad de expresión e información, huyendo así de la crítica y la transparencia.

Queda entonces esforzarse por mantener la verdad evangélica, con serenidad y humildad, en la conciencia de que nos soporta y consuela el Señor.

veré mi venganza contra ellos, porque a ti he encomendado mi causa.

No es que podamos dejar de sentir deseos de venganza, sino que lo dejemos en manos del Señor. En su designio la queja será atendida a su tiempo, para su gloria.

Implica dejar nuestro encono, abandonar nuestro resentimiento, pero seguir suspirando por la satisfacción de la justicia.

Nosotros apasionados y con inclinación a la violencia, no somos aptos para el ejercicio de la justicia.

En el ascenso de la humanidad hoy, vemos la tendencia a buscar en representantes de la justicia. la atención a la sed de venganza por parte de las víctimas. Y a éstas confiar, o al menos renunciar a hacerse justicia por sus manos.

Pero también vemos, que hay quienes no se controlan y actúan, ejecutando la venganza en nombre de una justicia, que resulta a su vez en injusticia, por apasionada y unilateral.

La lucha se inspira en Jesús, quien confió su causa al Padre, y el lo escuchó hasta su muerte, otorgándole el nombre sobre todo nombre. Por eso es Jesús nuestro paradigma de justicia.

Cuando Jesús vive esto, no hace fuerza en una posible venganza sino lo contrario, perdona porque no saben lo que hacen.

La maldad que nace del corazón humano no es irredimible, porque más bien es obcecación.

Si nos identificáramos con el justo y su justicia, no obraríamos el mal.

Salmo responsorial: 7

que no me atrapen como leones / y me desgarren sin remedio

Cuando sucede conocemos que es posible: el perjuicio y daño que infligen los que conspiran contra alguien.

En Jesús se muestra una concentración del destino de una víctima por la su aceptación de la voluntad del Padre.

En su caminar, en su oración para pedir por la confianza en el designio, se realizaron en su momento, y se mantienen ahora por su Espíritu a nombre de todas las víctimas. Aun de las que no son tan inocentes.

Júzgame, Señor, según mi justicia, / según la inocencia que hay en mí.

Porque la inocencia absoluta no parece darse y todos somos en alguna forma cómplices de la injusticia, por acción o por omisión.

En nosotros hay oscuridades, corrupciones, colaboración con el daño al bien común, aun en pequeña escala.

Cese la maldad de los culpables, / y apoya tú al inocente, / tú que sondeas el corazón y las entrañas, / tú, el Dios justo

La hipocresía que permite atacar sin sonrojarse por las propias falencias, se ha enseñoreado de nuestra tierra.

Tal parece que nuestra culpabilidad es de tal calibre, que no descansamos sin un chivo expiatorio, que cargue con ellas.

Como iglesia los creyentes del pueblo de Dios estamos en esa coyuntura: cargando con culpas, escándalos, divisiones que se nos echa en falta quizá como evidencia de la falsedad de nuestra fe.

Es importante que esa fe sea lúcida para lograr comprensión de lo que está en juego: el anti-reino incansablemente saboteando el reino.

Mi escudo es Dios, / que salva a los rectos de corazón

Por eso es importante la autocrítica veraz y honesta, como una muestra de la sinceridad y rectitud del corazón.

Es necesario desmontar nuestro sistema defensivo que nos hace mantenernos en pie por nosotros mismos, pero no está sostenido por la gloria de Dios.

Juan 7,40-53

Y así surgió entre la gente una discordia por su causa

Por lo tanto estamos advertidos sobre la dinámica existencial en la que nos hemos incluído voluntariamente por nuestro compromiso de fe: somos parte de una discordia por nuestra adhesión a Jesús de Nazareth.

Jesús sigue siendo motivo de discordia, aun entre sus seguidores, por la pluralidad y diversidad de interpretaciones, que se originan entre los creyentes entre ellos y los no creyentes.

Y seguimos en ella actualmente. Interpretamos la misma escritura y nos enfrentamos.

Y la interpretación autorizada del magisterio, no es muy escuchada ni seguida, en parte por el testimonio del mismo magisterio.

Esa gente que no entiende de la Ley son unos malditos

El sentido que le abre paso a la adhesión es el corazón creyente, no el estudio de la Ley. No sobra el estudio, pero sirve si el corazón cree. De lo contrario es letra muerta.

Por encima de la normativa, lo que toca nuestro corazón es la vulnerabilidad concreta de las personas, hombres y mujeres oprimidos por nuestra injusticia.

¿Hay algún jefe o fariseo que haya creído en él?

El evangelio de Jesús se teme sobretodo, por los poderosos, por los que ejercen algún dominio. No deben temer los servidores, estén donde estén, igual hoy.

"¿Acaso nuestra ley permite juzgar a nadie sin escucharlo primero y averiguar lo que ha hecho?"

Aun con su tímida adhesión Nicodemo entró en el proceso de hacer justicia de Jesús. Su encuentro con él lo marcó para seguirlo, no obstante la prepotencia de los poderosos.

Es como una guerra de trincheras o posiciones ganadas. El proceso del Reino nos impele a avanzar, una vez hemos sido llamados.

Aferrarse al prejuicio más allá de lo razonable, es parte de la lógica de la ambición de poder. No perderlo es la consigna.

¿También tú eres galileo? Estudia y verás que de Galilea no salen profetas?

Poco o nada sirve conocer la ley si el prejuicio emocional defensivo de interés egoísta ha tomado posesión de nuestro juicio.

Los ejercicios ignacianos buscan una depuración de esos juicios, apuntalados por afectaciones endurecidas por el ego y el tiempo, para captar una voluntad diferente y alternativa: la voluntad del Señor.

Es importante darnos un tiempo nuevo para ablandar y depurar esas rigideces afectivas, que influyen en el juicio. Es parte de la vigilancia, para mantener vivo el proceso de conversión en nuestra existencia.

Domingo 5 de Cuaresma

Ezequiel 37,12-14

abriré vuestros sepulcros

os haré salir de vuestros sepulcros, pueblo mío

os traeré a la tierra de Israel

Impacta a la vivencia de la palabra de vida, la reciedumbre con la que los primeros seguidores de Jesús asumieron la Ley y Los profetas, y entendieron con el acontecimiento de su maestro, que se rejuvenecían las profecías antiguas, y tomaban carne y momento.

La apropiación que el Israel antiguo había venido haciendo del oráculo de Yavé, ésa los del camino se sintieron con Jesús en el derecho y el deber de apropiarlo también y entregarlo a quienes no habían sido originalmente miembros del pueblo elegido, como los gentiles.

Os infundiré mi espíritu

Esa energía, ese entendimiento, ese testimonio martirial creemos que vino de un Espíritu nuevo que manaba del Jesús crucificado, muerto y resucitado.

Salmo responsorial: 129

Desde lo hondo a ti grito, Señor

Desde lo hondo tu impulsas nuestro grito

de ti procede el perdón, / así infundes respeto

El temor de Yavé pasó de ser un miedo, a un asombro, por el misterio de amor que desarma a fuerza de amor, no de castigo.

mi alma guarda al Señor

Con el paso del tiempo, sabemos que te acercas más y no sabemos cómo disponernos para tu llegada definitiva.

Romanos 8,8-11

Los que viven sujetos a la carne no pueden agradar a Dios. Pero vosotros no estáis sujetos a la carne, sino al espíritu, ya que el Espíritu de Dios habita en vosotros.

Más bien el sentido actual debería ser, es de suponer, que no estamos radicados en la debilidad de la carne, sino en la fortaleza del Espíritu, aunque circunstancial y eventualmente, las ataduras a la carne se manifiesten como poderosas

y dominantes. Deberíamos verlas como estertores de un régimen y dominio pasados, pero cuya agonía puede durar todavía un poco.

habita en vosotros

Pero debe ser apropiado por todas las regiones del propio ser, lo cual como un proceso puede tomar su tiempo cronológico.

Juan 11,1-45

"Esta enfermedad no acabará en la muerte, sino que servirá para la gloria de Dios, para que el Hijo de Dios sea glorificado por ella."

Vivimos de la esperanza que toda dolencia sea la puerta de entrada a la manifestación de la gloria de Dios.

aún ahora sé que todo lo que pidas a Dios, Dios te lo concederá.

La fe de Marta con lo grande que es, no está preparada para un horizonte de vida nueva, diferente a la revivificación de su hermano Lázaro.

Es un horizonte, además cultural, que los milagros de Jesús no habían roto para prepararse a una realidad mayor y definitiva de vida.

¿Crees esto?"

Que no se trata de creer en el último día para la resurrección, sino de una inmediata resurrección fundamentada en la fe en Jesús.

Se trata de un enfoque que nos viene a través de Juan y responde quizás a la necesidad de fortalecer a los cristianos, para quienes el último día con la vuelta de Jesús, iba tardando demasiado.

Es el legado del último evangelio, susurrarnos con la inspiración del Espíritu de Jesús resucitado, que nuestra fe ya, aquí y ahora nos resucita para la vida nueva.

Esta convicción nos potencia durante la vida vieja de la carne corrupta, a sorber con grandes tragos el elíxir de vida plena, cuyas señales se dejan sentir en los hitos de felicidad y realización personal y fraternal del ágape.

Jesús, [viéndola llorar a ella y viendo llorar a los judíos que la acompañaban,] sollozó y, muy conmovido

Aprendió el Señor a entendernos en aquel duelo que aun cuando se nos anuncie la vida plena, la pérdida de alguien querido nos afecta y conmociona en nuestra carne, y también entristece y contamina nuestro espíritu.

Jesús aprende así el dolor humano por la pérdida del amado y amada.

"¿No te he dicho que si crees verás la gloria de Dios?"

Para enfatizar el mensaje del ahora, era importante que se acumulara la percepción de la imposibilidad de hacer algo por Lázaro, quien ya estaba descomponiéndose.

"Padre, te doy gracias porque me has escuchado; yo sé que tú me escuchas siempre; pero lo digo por la gente que me rodea, para que crean que tú me has enviado."

Pero en otro momento constatará que ni aun así creen.

el muerto salió, los pies y las manos atados con vendas, y la cara envuelta en un sudario. Jesús les dijo: "Desatadlo y dejadlo andar."

Y muchos judíos que habían venido a casa de María, al ver lo que había hecho Jesús, creyeron en él.

Pero otros no. Hiciera lo que hiciese no creerían nunca.

Lunes 5 de Cuaresma
Daniel 13,1-9.15-17.19-30.33-62

Dios movió con su santa inspiración a un muchacho llamado Daniel; éste dio una gran voz: "¡No soy responsable de ese homicidio!"

Jesús en cambio, aun cuando inocente, no fue en su vida, sino en su muerte, favorecido por la intervención de Dios, quien como Padre lo resucitó, para mayor gloria, porque se mostró un Dios-vida más allá de la muerte, como una prueba, en el juicio y condena que habían consumado, contra justo elegido.

¿Conque, sin discutir la causa ni apurar los hechos condenáis a una hija de Israel? Volved al tribunal, porque ésos han dado falso testimonio contra ella

Probablemente ya tenemos el calendario lleno de conmemoraciones por diversos motivos, pero hoy se pudiera pensar en dedicar el día a la memoria de aquellos hombres y mujeres, que sin culpa y con inocencia son condenados por falsas acusaciones.

Es un lugar común que las cárceles están henchidas de gente más allá de su capacidad, y la mayoría claman inocencia por los delitos que les han sido imputados.

De vez en cuando la verdad puede emerger y aclarar que un inocente ha tenido que guardar encierro sin culpa de su parte, y con grave daño para él y su familia, por la pérdida de su trabajo, de su prestigio y fama, de su paz sicológica y demás.

De vez en cuando una investigación ulterior determina que un ajusticiado, ya difunto por supuesto, era inocente y se le ejecutó injustamente, porque las pruebas no llegaron a tiempo o por otro motivo.

Por eso es una bienaventuranza visitar los encarcelados y encadenados de cualquier tipo, porque no podemos condenar a ninguno con certeza y porque el Señor no los condena, sino que los llama a su misericordia y conversión.

Estas tragedias como la que nos trae la Palabra en el relato de Susana pueden hacernos profundizar en la justicia verdadera del Señor, quien juzga a fondo y perdona a fondo.

Susana se libró por la inspiración del Señor

en Daniel.

Pero Jesús no se libró, aunque inocente, del patíbulo. Sólo le quedó su esperanza en el Padre, quien finalmente no lo defraudó otorgándole la resurrección.

Por eso nosotros debemos confiar, sobretodo en la justicia misericordiosa que nos viene del Padre por medio de Jesús, su hijo.

cuando dabas sentencias injustas condenando inocentes y absolviendo culpables

Todos podemos ser reos de esta acusación: damos sentencia en diferentes foros durante la existencia.

Y no somos inocentes siempre para juzgar con rectitud en todo, haciendo a otros caer bajo lo que sentenciamos.

Aquel día se salvó una vida inocente

No así con Jesús, para dar paso a un bien mayor: la nueva vida del resucitado y la gloria del Padre.

En Jesús toda muerte abre un horizonte insólito de vida nueva.

Y a partir de él, los que creen en su nombre, mueren en una forma nueva e inédita para cada uno: no se muere para siempre, sino que se pasa a la vida eterna.

Salmo responsorial: 22

me conduce hacia fuentes tranquilas / y repara mis fuerzas

Jesús, caminando a su destino trágico, debió consolarse buscando en la palabra los pensamientos y sentimientos inspirados para mantenerse como un testigo firme que no se echa para atrás, ni a pesar del temor, se arrepiente.

Me guía por el sendero justo, / por el honor de su nombre

Inspira a sus amados para juzgar con rectitud y no hacer daño a inocentes.

Aunque camine por cañadas oscuras, / nada temo, porque tú vas conmigo: / tu vara y tu cayado me sosiegan

Son tantos los riesgos que afrontamos en nuestra existencia en virtud de la frágil, limitada, disfuncional justicia humana, legal o no, que nos podemos llenar de miedos y temores por llegar a ser una de sus víctimas, y por el dolor que nos causan las víctimas inocentes que conocemos.

Una justicia no legal de nuestro tiempo es la condenación mediática, movida por intereses oscuros que busca medrar con el escándalo.

Una vez se ceba en su víctima, ya no le será posible recuperar su fama y prestigio, aunque se den aclaraciones. Así de grave es la responsabilidad de los medios.

Por eso requerimos la fortaleza que nos comunica el Señor como Pastor que nos va acompañando, precisamente en las cañadas oscuras de las pruebas de la vida, donde podemos perder la esperanza.

Tu bondad y tu misericordia me acompañan / todos los días de mi vida

Me acompaña Dios

Juan 8,1-11

le traen una mujer sorprendida en adulterio

Quiénes podían juzgar? A Jesús le traen un caso como a quien se reconoce una categoría de juez. Es para tentarlo y desacreditarlo.

sentándose, les enseñaba

Maestro, esta mujer ha sido sorprendida en flagrante adulterio

escribía con el dedo en el suelo

se incorporó

No obstante sus detractores, Jesús ejercía un liderazgo moral notable. Gente que lo escuchaba, adversarios que buscaban eliminarlo. Su notoriedad no se podía disimular ni su autoridad sin título, desconocer.

A través de los detalles que nos dan a conocer los evangelios, con ayuda de su Espíritu, se va revelando alguien fascinante: un ser humano libre e independiente en su juicio y dedicado en su enseñanza, compasivo con el necesitado, sobrio en su hablar pero expresivo hasta producir fuertes adhesiones.

Es como si la petición de Ignacio de Loyola en sus ejercicios, cobrara vigencia una vez más: conocimiento interno de Jesús, para que más le ame y más le siga. Y esto se pide en un triple coloquio, señal de la importancia de la petición.

"El que esté sin pecado, que le tire la primera piedra."

Se trata de un nuevo código para el juzgar cristiano, que nos cuesta mucho vivir congruentemente. Nunca estamos libres de pecado, y por lo mismo no debemos tirar piedras a otros y otras. Pero lo hacemos, mostrando así nuestra madera corrupta.

E inclinándose otra vez, siguió escribiendo.

Ellos, al oírlo, se fueron escabullendo uno a uno, empezando por los más viejos

"Mujer, ¿dónde están tus acusadores?; ¿ninguno te ha condenado?"

Tampoco yo te condeno. Anda, y en adelante no peques más."

El juicio en el reino que inaugura Jesús es para salvar, no para condenar. Se busca que el pecador viva. Se convierta y viva.

"No pecar más" no trata de evitar actos sueltos, dentro de la categoría de pecaminosos, sino de ubicarse en lo oculto de nosotros mismos, de donde salen las acciones pecaminosas.

La buena nueva liberadora consiste en la fuerza que se nos ha donado para enfrentar nuestra sombra, nuestra tiniebla, nuestro profundo pozo, y desde allí hacer que la luz brille para sí y para otros y otras.

Un proceso que dura toda la existencia histórica.

Martes 5 de Cuaresma

Números 21,4-9

"¿Por qué nos has sacado de Egipto para morir en el desierto? No tenemos ni pan ni agua, y nos da náusea ese pan sin cuerpo."

La Palabra no esconde sino que refleja los sentimientos y las quejas de los itinerantes: cansancio, hambre, sed, hastío...

Los salvados por el Señor pueden acceder al reclamo y al desahogo de la frustración que produce, en algunos momentos, la existencia.

Es indicio del respeto que muestra el Señor por su pueblo, y la condescendencia de su amor.

Después de dos mil años de cristianismo, la imagen de Dios es la del Padre de Jesucristo, que tanto amó al mundo que entregó a su hijo.

El Dios castigador, que envía serpientes contra su pueblo murmurador, y que lo muerde y así muchos mueren, no tiene sentido, como castigo de Dios, tal como lo hace saber el texto.

Para nosotros hoy esa es la imagen de un Dios represor, frente al cual no se puede protestar, ni desahogar.

Más adelante en el tiempo, un libro de Job será casi un manual de quejas, frente a un Dios silente en su majestad y autodeterminación, que igual de rápido que lo castigó, por provocación del acusador, lo restaurará, sin mayor explicación.

Jesús también se queja en el huerto de los Olivos: pase de mí este cáliz… o en la cruz: por qué me has desamparado?.

Pero tal como María y su cuestionamiento al ángel de la anunciación, en comparación al ángel que avisaba sobre Juan a Zacarías, los reclamos, cuestionamientos y dudas que se expresan al Señor, son inspirados por diversos espíritus.

Y así unos son aceptables y otros no.

El Espíritu es el que gime en nosotros dice Pablo, y también gime la creación por la corrupción de los seres humanos que la tienen sujeta.

Quizás aquí es donde más cerca llegamos a esto de las quejas ante Dios, por las calamidades que nos sobrevienen.

Hay quejas que ayudan a procesar la propia responsabilidad en la corrupción, o la propia inocencia.

Hay otras que implican poca fe.

El Señor envió contra el pueblo serpientes venenosas, que los mordían, y murieron muchos israelitas

La imagen de un Dios retaliador llevó a ciertos teólogos desde antiguo a seccionar y catalogar un Dios bueno y un Dios malo.

Una tentación que está presente siempre si no se resiste el misterio de Dios, que lo abarca todo.

"Hemos pecado hablando contra el Señor y contra ti; reza al Señor para que aparte de nosotros las serpientes."

Pero si no podemos explicar ese misterio, tampoco es transparente el de la libertad humana.

La Palabra además del reclamo y la queja del itinerante presenta su conversión, que es como un segundo aire, una reformulación del problema.

Es como una dialéctica en la que la queja no es sino el inicio de un proceso de profundización de la fe ante las circunstancias conflictivas.

quedarán sanos al mirarla

Ni siquiera hay que tocarla, que podría ser un extremo burdo o inicial de la conversión.

Al irnos convirtiendo a la Palabra y su designio, realizamos un tránsito de fases y etapas, las cuales no son, necesariamente, ascendentes siempre. Es posible la regresión.

Salmo responsorial: 101

que mi grito llegue hasta ti

Porque gritar es lo que nos queda.

y se vuelva a las súplicas de los indefensos, / y no desprecie sus peticiones

y los que sirven al designio se deben mover en relación a las quejas de los indefensos, sin despreciarlos.

Incluso los servidores deben convertirse y dejar sus prejuicios y etiquetas sociológicas, sicológicas e ideológicas, para reconocer esas quejas donde se den.

Haz mostrado en circunstancias de la vida que te vuelves, y no eres impasible ni indiferente. No todas las peticiones hacen que te vuelvas. Sólo las que mueve tu Espíritu Santo.

Juan 8,21-30

moriréis por vuestro pecado.

La casta farisea representaba una ideología de supremacía sobre otros estratos de la población.

No se ha agotado este espíritu clasista. Se infiltra en todos los grupos humanos hasta el presente.

En esa posición se encuentra larvado un juicio de salvación: quien piense y sienta como ellos está salvado para siempre. Ya no corre ningún riesgo en esa salvación.

Jesús de Nazareth, como toda la tradición profética en las escrituras, atacó esa presunción de salvación basada en una etiqueta. Porque la salvación es un don del Padre para beneficio de todos, sin etiquetas.

Donde yo voy no podéis venir vosotros

Tal como son o están o se encuentra al momento.

"Vosotros sois de aquí abajo, yo soy de allá arriba: vosotros sois de este mundo, yo no soy de este mundo. Con razón os he dicho que moriréis por vuestros pecados: pues, si no creéis que yo soy, moriréis por vuestros pecados."

Jesús como hijo del Padre celestial representa una instancia sobre toda instancia, que puede juzgar.

Y sin embargo no alienta el prejuicio para favorecer a unos sobre otros, ni rechaza a unos más que a otros.

Más bien muestra una debilidad por los que están en el fondo de esa discriminación.

Moriremos por nuestras injusticias e iniquidades, si no creemos que Jesús es el Señor. Si no creemos vivencial y existencialmente. A lo largo de nuestro vivir. Desde lo hondo de nuestro corazón. Desde la sintonía con el Espíritu que nos inspira la fe.

sino que hablo como el Padre me ha enseñado

Con su misterio pascual, llegamos a entender por fe, que Jesús es el revelador por excelencia del Padre.

yo hago siempre lo que le agrada.

Es la clave del Espíritu, por la que entendemos cómo unas quejas y lamentos son aceptables y surten que el Señor se vuelva.

Es lo que encontramos en tantos testigos que nos han precedido. Ellos entendieron que se trataba del agrado al Padre, en su voluntad.

muchos creyeron en él.

Porque es la única instancia que nos hace capaz de fraternizar, confiados en la salvación del Padre.

Miércoles 5 de Cuaresma

Daniel 3,14-20.91-92.95

¿qué dios os librará de mis manos?

Es posible vivir en situaciones difíciles y complicadas, en las que tiene que ver nuestra decisión quizá irresponsable, pero también algunas circunstancias que evolucionan, haciendo nuestra suerte o destino muy duro, difícil, amargo e infeliz.

Se podría aprender entonces a tener más sabiduría, para proceder con mayor responsabilidad, aunque eso no es un seguro de que todo irá mejor en el futuro.

Así las fuerzas opresoras de diferente cariz operan en la existencia como poderes que someten y parecen decir "qué dios los librará de mis manos?".

Y aunque no lo haga, conste, majestad, que no veneramos a tus dioses ni adoramos la estatua de oro que has erigido

Esperar en Él por sí mismo, más allá de una liberación específica, como gesto de amor y libertad, porque su gracia nos da a conocer que en lo más profundo del Misterio de Él podemos esperar la salvación absoluta.

La Palabra revela la confrontación y guerra que se le plantea al creyente por el poder del anti-reino.

Éste puede adoptar entre otras, las formas de gobiernos civiles que pueden chocar con las convicciones de fe de sus gobernados.

Porque los creyentes están afianzados, al menos teóricamente, en el absoluto que es el Señor y su Designio de salvación, mientras los gobiernos de turno, de cualquier signo ideológico, también pretenden salvar y solucionar, aunque no siempre con justicia.

En su soberbia este poder laico cívico y militar, alberga la pretensión de ser el único salvador y el que soluciona, para desconocer el sentido salvífico de la fe para los creyentes.

Por eso todo creyente y mientras más honesto y sincero sea, es un sedicioso potencial.

La Palabra nos enseña entonces diferentes actitudes, unas más radicales que otras. Porque por un lado podemos confiar en el Señor y su protección, caiga quien caiga.

Pero además podemos seguir confiando como kamikazes en el Señor más allá de una protección puntual, dejando en sus manos, las verdaderas poderosas manos, nuestra suerte definitiva.

La confianza en el Señor va más allá de su asistencia inmediata, que puede librar del peligro y de la muerte.

Porque si quizá no ocurre, no obstante la fe que se tiene en Él, se mantiene la esperanza en su salvación definitiva y en su gloria, que resplandecerá de todos modos.

Es Jesús quien lleva esta confianza hasta las últimas consecuencias, y aunque el Señor no lo libra de morir en la cruz, él confía, y es resucitado para su gloria.

Nabucodonosor, furioso contra Sidrac, Misac y Abdénago, y con el rostro desencajado por la rabia,

Esto explica la molestias y perturbación crecientes de los gobiernos ante las críticas que proceden de otras convicciones, máxime las de los creyentes.

Esto también explica las campañas de difamación que se originan en estamentos gubernamentales contra las organizaciones de creyentes, para desprestigiar su testimonio de fe y su oferta de salvación absoluta.

¿Entonces, cómo es que veo cuatro hombres, sin atar, paseando por el horno sin sufrir nada? Y el cuarto parece un ser divino

La Palabra nos ha ofrecido su presencia fiel. Contar con ella es vivir la convicción de alguien más en nuestra cotidianidad, que nos acompaña y sostiene.

Esta compañía en ciertos momentos puede materializarse en personas, acontecimientos, coyunturas, que quizá por su sencillez no se identifican a la primera como compañía del Señor.

Algo de esta experiencia permanente de acompañamiento nos muestra San Ignacio de Loyola como fruto de sus ejercicios espirituales cuando quiere provocar el encuentro del Señor en todas las cosas, en todo momento.

El Dios bíblico, el Padre de Jesús, manifiesta su salvación participando, como uno más con su Espíritu Santo, del paso angosto que padecen sus amados.

Nos ama hasta el extremo de no separarse de nosotros hasta el final.

Si aprendiéramos en la soledad y vejez progresivas, a encontrar tu compañía y tu Espíritu, no necesitáramos seguir la búsqueda, ni aferrarnos a nada ni nadie.

Mas que un suceso verídico, el relato expresa una convicción esperanzada: Yavé es el único Dios verdadero, y todos los demás no son nada.

Aun los reyes y emperadores si lo supieran, reconocerían su gloria como el único Dios, aunque fuera el de sus vasallos, vencidos y oprimidos.

envió un ángel a salvar a sus siervos que, confiando en él, desobedecieron el decreto real y prefirieron arrostrar el fuego antes que venerar y adorar otros dioses que el suyo.

De nuestra parte es importante trabajar por la convicción espiritual y por la cosmovisión, que contamos con un ángel, un medio, un enviado, un símbolo que nos da señales del acompañamiento del Señor.

Interleccional: Daniel 3

Bendito eres, Señor

Desde el nacer del sol hasta su ocaso y aún en su ausencia cuando se hace noche.

Dios de nuestros padres

Nunca terminaremos de agradecer y bendecir a nuestros padres o quienes hayan desempeñado ese rol parental en nuestra existencia, por habernos puesto en contacto con el Padre, para conocer su designio salvífico de amor.

Entre otras pérdidas y perjuicios de esta generación actual, que tiene visos de espontánea, está la desvinculación del patrimonio de fe de los antecesores y de la tradición.

La ilusión de la libertad, la autoestima, la autonomía y autosuficiencia los lleva a vivir la realidad por sí mismos, sin punto de referencia y así sin memoria, cometer los mismos errores del pasado o peores.

bendito tu nombre santo y glorioso

se recoge en el modo de orar, que Jesús nos transmitió

sondeas los abismos

Sin embargo nuestra fe nos lleva a bendecir a un Dios experto, que conoce de qué estamos hechos individual y colectivamente.

Así que podemos descansar más en su sabiduría que en la nuestra.

Juan 8,31-42

dijo Jesús a los judíos que habían creído en él: "Si os mantenéis en mi palabra, seréis de verdad discípulos míos"

Mantenerse en la Palabra para ser discípulos es una tarea

imprescindible que tenemos los creyentes.

Mantenerse no es equivalente de instalación, pero sí de estabilidad y perseverancia.

Porque una tiende a la rigidez de la seguridad peligrosamente confiada. Pero otra a una dinámica constante de vigilancia y testimonio, que comparte fraternalmente la fe con el mundo.

Mantenerse requiere lucidez y humildad, porque tenemos la obligación de conocer el anti-reino, pero debemos aceptar confiados en el Padre, las pruebas a las que se nos somete su expansión.

El anti-reino goza de cierta libertad para zarandearnos, como arroz trillado, pero la Palabra no nos deja sucumbir.

Como decir que haremos la verdad que salva y aporta salvación porque la palabra nos procesa de modo que seamos íntegros y coherentes.

Si os mantenéis en mi palabra, seréis de verdad discípulos míos; conoceréis la verdad, y la verdad os hará libres

Conocer la verdad es humillante porque uno siente pequeñez. Quién es uno en realidad, pero sin perder la dignidad.

Solo que al ser uno rebasado en su comprensión, se siente el misterio y lo desconocido. Uno se frustra y teme.

Lo que nos queda es aceptar que siempre somos aprendices.

Porque se trata de mantenerse. No es algo automático, ni presupuesto, sino un trabajo diario, por la fe en la Palabra.

quien comete pecado es esclavo

Es un género de esclavitud radical.

Esta expresión se siente iluminadora en nuestro contexto actual, porque nuestro cielo histórico, nuestro horizonte cultural, nuestro contexto situacional, está animado por la inflación del término libertad.

Y nos cuesta entender que libertad y pecado no se llevan, como el agua y el aceite.

Cuál es el pecado respecto del cual la libertad se define en nuestro contexto vivencial actual? Es la pregunta del millón.

Y no sólo como pregunta retórica, sino como interpelación para obtener respuesta de conversión.

Y si el Hijo os hace libres, seréis realmente libres

Un género nuevo de libertad, de potencialidad cualitativamente diferente.

Yo hablo de lo que he visto junto a mi Padre, pero vosotros hacéis lo que le habéis oído a vuestro padre."

La pregunta se sigue urgiendo con intensidad, si miramos la paternidad de nuestras obras: de qué tipo es esa paternidad?

Le replicaron: "Nosotros no somos hijos de prostitutas; tenemos un solo padre: Dios."

Jesús mismo es un modelo histórico de la vivencia de cualquier verdad como liberación.

En su entorno se pudiera rumorear que su origen era oscuro, porque su madre lo engendró en circunstancias socialmente escandalosas.

El origen misterioso de su concepción habría marcado a Jesús y su madre en la comidilla del pueblo. No obstante Jesús se mantuvo en su convicción con el apoyo de lo que María le había contado y la confianza que José le había cultivado: que todo el asunto era obra del Espíritu del Señor.

Si Dios fuera vuestro padre, me amaríais, porque yo salí de Dios, y aquí estoy.

Pero a Jesús esa verdad pueblerina no le hace mella porque su verdad radica en el amor al Padre y la convicción que tiene sobre la misión a la que Él lo ha enviado.

Jueves 5 de Cuaresma

Génesis 17,3-9

seré su Dios

Se insiste en la pertenencia de este Dios a Abraham. Él quiere ser de Abraham, quedarse con Abraham. Colmarlo de bendiciones: tierra, muchedumbre de descendientes. Lo ama, lo elige, se queda con Abraham y lo acompaña.

Es un Dios voluntariamente en las cercanía humana. Su designio es ser un Dios nuestro.

Llega profundo en nosotros la Palabra que dice que Dios sale a buscarnos y encontrarnos, en generosidad rebosante.

Nos lo muestra narrativamente la parábola del Padre pródigo con el hijo arrepentido del evangelio de Lucas.

Dios de ternura y delicadeza. Propicio a festejar y alegrar nuestra existencia como seres insustituibles.

Por qué o cómo esta misma bendición se hace ver en tanta tragedia y maldad como hay en el mundo? Cómo lo compaginamos?

Tú guarda mi pacto

Más bien dice que no olvide que estamos en Alianza. Es lo básico y con ello viene todo, lo demás. Es el reino que hay que buscar: recordar la alianza.

Serás padre de muchedumbre de pueblos

El cristiano, el judío y el musulmán. Entre ellos aún no hay paz a pesar del padre común: Abraham.

Para cada uno lo suyo es lo máximo, lo mejor. Es un sentimiento legítimo. Solamente que debe abrirse al respeto y aceptación de la existencia del otro.

Trabajar por ello es constructivo y según el Nuevo Testamento es necesario: que sean uno.

Salmo responsorial: 104

El Señor es nuestro Dios

Antes que su poder nos pasme de admiración Él es un compañero: es para nosotros para que seamos de Él. Un amor absorbente y radical, que aguarda nuestra correspondencia coherente e íntegra.

Cada uno de estos pueblos hermanos pero aún fratricidas dio un nombre al único Dios de Abraham: Santo, Misericordioso, Amor.

Ninguno de estos nombres equivalen a aniquilación de los demás. No conllevan un programa de exterminio, ni de exclusión.

Somos nosotros, nuestras mezquindades y egoísmos, personales y colectivos, los que hacen la discordia.

Tan dañados podemos llegar a ser, que aún en cada pueblo hay divisiones internas, tendencias, mutuas recriminaciones.

Es como una división sin fin rumbo a la aniquilación total.

Por eso el camino de la paz y amistad es una contracorriente de unificación, que colabora y sirve a la causa del ser humano: para que siga vivo sobre la tierra.

La vida que Dios aporta es cohesión y unificación del todo, en permanente vigilia contra la enfermedad y la muerte, que trae separación, división, disolución.

Dos corrientes, dos tendencias y debemos decidir en cada coyuntura de la existencia a cuál nos sumamos.

Se acuerda de su alianza eternamente, / de la palabra dada, por mil generaciones; / de la alianza sellada con Abrahán, / del juramento hecho a Isaac

El amor conyugal refleja algo de esta alianza. Refleja a alguien como Él enamorado y en enamoramiento constante y persistente. No abandona, no se aleja, siempre presente.

La fidelidad conyugal, cuando se da, es una muestra y promoción de un amor de Dios así: desbordante, gratuito, como un perro fiel.

Juan 8,51-59

quien guarda mi palabra no sabrá lo que es morir para siempre

Porque esta palabra es comunicación y convivencia con un Dios Padre viviente.

Esta palabra escuchada con atención y buena voluntad, no nos deja dormir en el endurecimiento del corazón.

Nos mantiene inquietos y en el peregrinaje que busca mejores momentos.

¿Eres tú más que nuestro padre Abrahán, que murió? También los profetas murieron, ¿por quién te tienes?

Es la mentalidad lastrada que no puede remontar, ni atina a dejarse convencer, que se resiste a mirar de otro modo, por suspicacia, miedo, temor, para no sentirse burlada y engañada. Temor a creer. Demasiado bueno y bello para creer.

yo lo conozco y guardo su palabra

y convivo con el viviente

Abrahán, vuestro padre, saltaba de gozo pensando ver mi día; lo vio, y se llenó de alegría.

"Os aseguro que antes que naciera Abrahán, existo yo."

Sin embargo los seguidores de Jesús de Nazareth creemos que él sirve a la causa de unificación de los pueblos hermanos pero fratricidas.

Por supuesto, también debe inspirar la causa de unificación del propio pueblo creyente cristiano.

Esta conversión es básica y nuclear si queremos servir a otros hermanos.

Aun entre los teólogos cristiano católicos se busca escamotear esta afirmación de Juan y otras semejantes.

Como una consigna se minimiza, se disipa, se polemiza la comprensión de Jesús como partícipe de la divinidad del Padre desde su pre-existencia.

Viernes 5 de Cuaresma

Jeremías 20,10-13

En el transcurso de una misión del Señor, en la divulgación de su Palabra, se dan acechanzas de oposición.

Indicarlas puede ser visto además, como patología paranoica, narcisismo del supuesto perseguido. Se dan casos que dan pie a esas conjeturas.

Pero quien asume la Palabra para guardarla por la fe y practicarla, y la comparte fraternalmente, tenga por seguro que las acechanzas y conspiraciones vendrán. Porque el anti-reino no descansa.

No se trata de una culpabilización a ultranza de alguien. O por buscar culpable de situaciones indeseables. Porque hay quienes ante eso se encogen indiferentes como si fuera un producto de la coincidencia o el azar.

Se trata de que vivimos según la Palabra en un combate contra las fuerzas que se oponen a la salvación del Señor.

Como se pone en los ejercicios ignacianos, estamos ante la decisión de acogernos a una de las banderas o causas que plantea la Palabra: la del reino de Dios o la del anti-reino.

Los estados de ánimo paranoides, con causa proporcionada o sin ella, aunque no sea por una causa de fe religiosa, pero sí por una lucha contra las fuerzas que halan para la injusticia, inequidad, hipocresía o perversión, son un motivo de oración humilde y acción de gracias, en medio del sufrimiento íntimo, que el Señor, en la tortura de su hijo, mira y acepta como holocausto de paz, de justicia y de amor.

Asumir con fe y ejercitar la paciencia es un gesto de amor y acción de gracias a la comunicación del Padre, que misteriosamente desarrolla su designio y en él nos bendice.

examinas al justo y sondeas lo íntimo del corazón

Solo un tú Trascendente y absoluto escudriña la red de motivaciones, ocultas y explícitas, que nos impulsan en las decisiones rutinarias o solemnes. Y más allá tiene en cuenta las oscuras, que ni nosotros sospechamos de nosotros mismos.

libró la vida del pobre de manos de los impíos.

La Palabra del Señor se encarnó en un ethos que configuró un lenguaje, en el que los sentidos se obtienen por reflexión o meditación de entornos circunstanciales y coyunturales.

Así hablan del aprendizaje recientemente los especialistas: como una interacción entre lo que viene donado en la subjetividad y lo que sale al encuentro desde la realidad circundante.

Justo y pobre son dos acepciones claves en la develación que hace el Señor de su proyecto. Y mientras el justo carga con énfasis de la individualidad personal, quizás por una matriz sapiencial, el pobre carga con un énfasis circunstancial poblado de adversidades y humillaciones.

Pero ambas no se confinan, sino que se intercambian porque los énfasis se revierten, el justo con lo circunstancial, el pobre con la subjetividad personal.

Sin embargo los tiempos, los horizontes históricos e ideológicos, suelen marcar o presionar más por un énfasis que en otro, de acuerdo a las necesidades más sentidas, o que se suponen así.

Porque en el diagnóstico que las diversas culturas hacen de sus necesidades perentorias a las cuales deben dar respuesta, no se excluye el interés egoísta de unas clases, grupos, élites sobre otros.

Y en el discernir de la Palabra encarnada se confronta el desafío de separar esos intereses egoístas grupales o colectivos, del núcleo del designio del Señor.

Como fuego abrasador y purificador, va el Señor abrasando todo lo que se opone al avance de su amor.

Salmo responsorial: 17

tú eres mi fortaleza

Hemos de dar gracias de corazón constantemente al Señor, por la persistencia que nos comunica con su gracia, para mantenernos peregrinando más y mejor, superando las acechanzas internas y externas, subjetivas y objetivas.

Porque nuestra subjetividad no se encuentra libre totalmente de los miedos, suposiciones, susceptibilidades y especulaciones que nos asaltan y atormentan, en nuestras relaciones con el mundo.

Con mucho esfuerzo, en ciertas coyunturas, podemos mantener una perspectiva positiva o constructiva, a pesar de nuestra desolación sicológica y espiritual.

Se ama a alguien valioso, que aporta un significado, que se traduce en bienestar de una existencia.

La vivencia a la que invita la oración sálmica inspirada por el Espíritu, tiene que ver con un posicionamiento en la seguridad que proviene de vivir al Señor como protector.

Es un sentir como si fuéramos un fiel de la balanza: recto hacia tierra sin movernos a un lado o a otro, sensibles y disponibles a cualquier carga.

Sabernos en el Señor produce descanso profundo. Un abandono en manos de quien sabe mejor. Dejarnos conducir impregnados de serenidad, es una señal de la activa vitalidad del Espíritu en y desde nosotros.

torrentes destructores me aterraban

Se dan circunstancias conflictivas y potencialmente destructivas en nuestra vivencia de la existencia, de tiempo en tiempo.

No sólo es un gozo vivir, sino que también a ratos cuesta vivir, con el cúmulo de preocupaciones, agonías, limitaciones o daños que nos sobrevienen.

Son los torrentes que nos apabullan, y obligan a reunir nuestras fuerzas para clamar en la confianza del Señor.

Entonces una voz dentro de nosotros puede irse amplificando. Una voz que nos conmina: Resiste! El Señor está cerca. Ya viene!

Juan 10,31-42

los judíos agarraron piedras para apedrear a Jesús

Jesús pudo morir en cualquier esquina, sumariamente, sin ningún tipo de proceso, por un arranque de pasión de una turba enardecida o manipulada.

Pero aun en el mayor refinamiento con el que se le procesa desde la religión judía y desde el poder de ocupación romana, hemos de advertir la distancia con la verdadera justicia que salva al inocente.

No importa si sumaria o procesualmente, por técnicas jurídicas, hoy ejerzamos el juicio en pos de la justicia, porque se siente y se vive la honda frustración e insatisfacción de la imperfección de la misma.

Más bien el clamor es porque se logre siquiera un mínimo de limitación a la arbitrariedad de quien ocupe el poder y se detenga, un poco el sinsentido de la venganza. Hasta por motivos baladíes.

Son tantos los que mueren, en una especie de aberración del sentido y valor de una vida humana.

Hasta esas honduras y escenarios tenebrosos se avino a abajarse el Señor Jesús por amor.

Quizás para que sintamos que hasta allí Él es roca y alcázar.

Os he hecho ver muchas obras buenas por encargo de mi Padre: ¿por cuál de ellas me apedreáis?

La recompensa de los humanos no es necesariamente la justificación comparable a la del Señor. Se queda en el exterior, en la apariencia, y no entra en la verdad completa.

No te apedreamos por una obra buena, sino por una blasfemia: porque tú, siendo un hombre, **te haces Dios**

Un barrunto de la peligrosidad de la acusación por blasfemia la tenemos en los casos de cristianos, que son minoría, en algunos países islámicos, cuando sus palabras son presentadas como blasfemia contra Mahoma.

Una acusación así es prácticamente una sentencia de muerte, emitida desde un linchamiento apasionado.

A la hora del ataque quién puede apostar que no se trata de una excusa esgrimida, y no más bien de la envidia del corazón, que mueve a atacar a los que bien obran.

quien el Padre consagró y envió al mundo, ¿decís vosotros que blasfema porque dice que es hijo de Dios?

Se establece en Juan una diferencia cualitativa en la filiación de Jesús frente a la de quienes escuchan la palabra.

Esta diferencia aún entre sus seguidores no es aceptada unánimemente.

"¿No está escrito en vuestra ley: "**Yo os digo: Sois dioses**

No obstante la interpretación de que todos somos o estamos llamados a ser dios, a Jesús se le reconoce a fines del siglo primero una distinción cualitativamente superior: consagrado del Padre.

Por lo tanto si no sus palabras, al menos sus obras merecen ser creídas.

Así en el diálogo con los hermanos no cristianos, conviene hacer énfasis en cómo nos une asumir las obras buenas de Jesús, como un terreno común de creencia.

creed a las obras, para que **comprendáis** y sepáis que el Padre está en mí, y yo en el Padre.

No creer las obras es una ceguera injustificable. Cierra la puerta al reconocimiento del amor transformador en el mundo.

Sí! Efectivamente somos hijos del Padre, dioses como Jesús: si hacemos las buenas obras del Padre.

En esto se muestra nuestra divinidad y filiación. Si nuestro ágape construye la fraternidad.

todo lo que Juan dijo de éste era verdad

Las palabras del testimonio de Juan vibran aun cuando él no vive. Y señalan a Jesús.

La resurrección de Monseñor Romero y cualquier otro, en el pueblo, muestra persistencia de la vibración de este testigo a favor de Jesús, en los pobres.

La causa de Jesús en los pobres es la causa del reino de Dios, la muestra encarnada del amor de Dios que salva todo el ser humano.

Sábado 5 de Cuaresma

Ezequiel 37,21-28

Yo voy a recoger a los israelitas por las naciones adonde marcharon, voy a congregarlos de todas partes y **los voy a repatriar**

El horizonte de la esperanza sentida del resto de pueblo deportado era ésa: volver al terruño.

Llegará un tiempo que la Palabra encarnada cumpla la promesa en otro horizonte: volver a vivir y reunir un pueblo renovado para siempre.

No se descartó una satisfacción, por otra más volátil. No se evaporó.

Porque la Palabra y sus apóstoles nos prometieron un reino de paz, de plenitud de toda aspiración de la creación, de una nueva creación, para todos y todas.

Si los inmigrantes o migrantes o desplazados en tierra extraña, huidos por razones de fuerza mayor, económica o de peligro para su vida, fueran repatriados en las condiciones positivas que vivieron antes de su tragedia, sería una bendición.

Esta es la bendición que habla el profeta, y es el aporte que el Señor brinda a sus pobres dispersos.

Porque el sentimiento de patria, hogar y terruño se hace doloroso con el alejamiento, forzoso o no. Y el retorno cumple sueños y anhelos atesorados en lo más profundo.

y un solo rey reinará sobre todos ellos

La Palabra en el humano balbucea una promesa con figuras del pasado, cuando se pensaba que eran felices.

Pero andando el tiempo la nueva realidad anunciada en un nuevo tiempo se irá distanciando de las figuras antiguas de la felicidad.

Para la Palabra todo tiempo venidero es mejor, contradiciendo nuestro aferramiento al pasado, y quebrando nuestra resistencia a la transformación.

Volver a tener una guía y autoridad que sea justa y apropiada es también una bendición.

Y cuando se ha perdido y no se tiene esa guía, o no se tiene orientación, la orfandad que sobreviene es muy triste.

Pero quedarse sin autoridad que sirva de liderazgo, es una responsabilidad de todos. Y los subordinados pecan en erosionarla con sus críticas y conspiraciones, ante la realidad que no se ajusta a todos sus deseos y veleidades.

No volverán a ser dos naciones ni a desmembrarse en dos monarquías.

Desapareció la división política y se hizo un solo pueblo país.

Porque la división política es la manifestación de la ambición de poder, que puede constituirse en un medio pero no en un fin.

Caminarán según mis mandatos y cumplirán mis preceptos, poniéndolos por obra.

Como un efecto de la nueva realidad en Jesús resucitado realizada, se hace posible la congruencia, el decir y hacer propio del Señor, en quien no hay sombra de conflicto.

La obediencia será palpablemente la unión de voluntades en el amor definitivo que nos vinculará al Señor.

Mi siervo David será su rey, el único pastor de todos ellos. Caminarán según mis mandatos y cumplirán mis preceptos, poniéndolos por obra

Pero el esquema de realidad en Jesús se dio en forma inédita e innovadora, para escándalo y menosprecio de muchos.

Cosa que nos acontece con frecuencia, cuando la solución que se nos ofrece de parte del Espíritu, choca con lo que esperábamos y a lo que nos hemos aferrado.

cuando esté entre ellos mi santuario para siempre

Hoy este santuario es Jesús, rostro del Padre, con quien convivimos sobretodo en los más pequeños y necesitados.

Jesús es nuestro santuario y él hace extensiva esa condición a los suyos más pequeños.

Con los pequeños entre nosotros se ha ubicado el Señor, y lo que hagamos hacia ellos, lo hacemos para el Señor.

No se trata de exaltar al hombre y mujer, con una ideología de supremacía sino de la llamada a convertirnos en servidores del Señor no en otros sino entre nosotros mismos en cuanto pequeños.

Pero ese santuario, al menos en sus inicios, ni con mucho era comparable a la magnificencia del pasado. Era una pobre edificación, realizada con escasos recursos, como símbolo de la pobreza que vivían en su nuevo comienzo. Era una realidad muy humilde que llamaba a una conversión de los ojos y el corazón para aceptar lo que llegaba de manos de Dios.

Interleccional: Jeremías 31

"**El que** dispersó a Israel lo reunirá, / lo guardará como un pastor a su rebaño."

Un misterio permanente que requiere espíritus bizarros: por qué si el Señor nos ama, nos prueba?

convertiré su tristeza en gozo, / los alegraré y aliviaré sus penas

Demos gracias por la consolación cuando nos embarga, como prenda de bienes futuros y consuelo de la tristeza nocturna que pasa.

El servicio a la salvación de los pequeños en el Señor nos procura una gran alegría y satisfacción. El gozo de la comunidad nueva fundada en la compasión y solidaridad.

Juan 11,45-57

algunos acudieron a los fariseos y les contaron lo que había hecho Jesús.

Jesús de Nazaret, hombre entre los hombres, no convencía a todos, y había quienes discrepaban.

Si lo dejamos seguir, todos creerán en él, y vendrán los romanos y nos destruirán el lugar santo y la nación

Hay quienes interpretan los signos de los tiempos con luces meramente humanas sin alcanzar a descifrar la novedad que se anuncia.

Los propios intereses egoístas individuales y de grupo que no se depuran generosamente, se erigen como barreras para captar esa novedad.

Se entiende que uno como Jesús, que no estaba adscrito en su ministerio a ninguna delegación por parte de alguna institución vigente en su tiempo, sino que pasa por un espontáneo, resultara sospechoso y levantara inquietudes, sobretodo en un ambiente controlado por un poder romano, susceptible a cualquier levantamiento o conspiración. Para lo cual había antecedentes.

Para la dirigencia la peligrosidad de Jesús con sus signos estriba en que su liderazgo se acrecienta, y temen que el mismo acarree la destrucción por Roma. ¿Qué tendría Roma que temer objetivamente de un tal Jesús? Su capacidad en aumento de convocatoria y respaldo de las masas. Sería esa la misma evaluación que hacían los romanos o era más bien una excusa de la dirigencia para no ser rebasada y perder poder? Los más inclinados al cambio sociopolítico defienden que efectivamente Jesús ejercía un liderazgo cuyas consecuencias políticas eran intencionales. Los que defienden sólo la causa teológica, minimizan esta hipótesis.

No parece que la encarnación del Designio del Padre en Jesús, pueda escaparse de imbricarse con las fuerzas sociales, políticas, económicas y culturales que se agitan y constituyen la realidad.

Una expresión congruente del designio de shalom del Padre es pensar que la intencionalidad de la causa de Jesús era pacífica, y para un reino de justicia y de paz.

Pero que promoverla despertaba la violencia de la defensa de intereses egoístas de clase, de estatus, de poder.

Y esas fuerzas oscuras soliviantadas por el temor a perder vigencia y estatus se alzaron para acallar al humilde siervo de Yavé y profeta inerme: Jesús.

no entendéis ni palabra; no comprendéis que os conviene(dei) que uno muera por el pueblo, y que no perezca la nación entera." Esto no lo dijo por propio impulso, sino que, por ser sumo sacerdote aquel año, habló proféticamente

No entendemos sino con ayuda del Espíritu de Dios el alcance de ciertas palabras y acontecimientos.

Nos toca pedir con humildad la capacidad de vislumbrar. Si nos es concedida, dejarnos guiar por los más sabios y el más sabio, a los horizontes deseados por el Señor.

Es un sentido del tiempo, que requiere paciencia y docilidad, apertura y confianza en la esperanza salvífica que compartimos.

Por lo tanto la muerte de Jesús formó parte de la consideración del bien común, por parte de los responsables de su época.

Los seguidores de Jesús son profunda y esencialmente perturbadores de toda perspectiva sobre bien común que no se alinee sobre la inspiración de Jesús de Nazaret: amor entrañable por los más pequeños.

Ese dei, conveniencia del designio, era y es la marca que identifica la intervención del Señor en su obra, a los ojos de los creyentes.

Lo que dijo Caifás era verdad, pero ni él mismo supo la hondura de su profecía.

La muerte de Jesús no los salvó de la catástrofe, porque esa casta sucumbió más tarde. En todo caso retrasó su realización.

Lo que sí, la conveniencia de la muerte de Jesús tenía un sentido más abarcador, sensus plenior, porque afectaba la posibilidad de cambio del reino del mal, la inequidad y el desamor en el mundo.

Esa muerte era el exorcismo radical, definitivo y final del usurpador posesionado y maligno de este mundo.

por ser sumo sacerdote aquel año, habló proféticamente, anunciando que Jesús iba a morir por la nación; y no sólo por la nación, sino también para reunir a los hijos de Dios dispersos.

La silente y queda revolución del Padre.

Y aquel día decidieron darle muerte

Jesús es prototipo de los que sin ser oídos ya están sentenciados, incluso ignorándolo.

pasaba allí el tiempo con los discípulos

Jesús ya no piensa en sí, en su seguridad sino en apuntalar a sus seguidores para que prosigan la obra del Padre.

Luego discutiremos encarnizadamente si dejó o no una institución, porque a muchos no les gusta la forma de la actual iglesia jerárquica.

Lo cierto es que Jesús no pensó que con su muerte terminaba todo.

Para lograr horas de vida, Jesús pasa a la clandestinidad y dedica su tiempo intensivamente a preparar sus seguidores, para que no muera con él el amor del Padre, y permanezca en los pequeños, para todos hasta que llegue el fin.

Los sumos sacerdotes y fariseos habían mandado que el que se enterase de dónde estaba les avisara para prenderlo.

Y así Jesús entra en el tormento de temer la muerte antes que efectivamente llegue. Vive la inseguridad de la propia vida y teme perderla.

Jesús asume cada resquicio de nuestro penar para transformarlo en su Pascua como energía nueva, creativa de la novedad.

SEMANA SANTA

Domingo de Ramos

Isaías 50, 4-7

Mi Señor me ha dado una lengua de iniciado, para saber decir al abatido una palabra de aliento

La Palabra se expresa en coyunturas históricas, en circunstancias de tiempo, lugar, intereses de personas y grupos.

Se expresa en personas y culturas que deben hacerse eficientes y eficaces para comunicarla, pero que también la obstaculizan, opacan o distorsionan.

La Palabra por tanto, lleva en sí una dinámica de conversión del emisario para que ofrezca una resultante apta, hacia el cumplimiento del Designio del Señor.

El esfuerzo por involucrar la propia fe en esa dinámica, nos compromete en un proceso de conversión que puede llevar toda la existencia, en la que la misma Palabra nos impulsa a serle fiel.

La finalidad de la Palabra a la cual nos debemos es la salvación trascendente, pero no reducida a un momento final, sino referida a toda la creación, a cuya transformación nos debemos.

Todo este proceso acarrea, además del gozo y la alegría de la salvación, desaliento, prueba, dolor, crucifixión por la oposición y la resistencia al designio.

El testigo mayor y definitivo de este proceso es Jesús de Nazareth.

Cada mañana me espabila el oído, para que escuche como los iniciados. El Señor Dios me ha abierto el oído; y yo no me he rebelado ni me he echado atrás

Escuchar y decir para sostener al amargado.

También tiene su aplicación en la relación del director de ejercicios espirituales con el ejercitante:

[7] 7ª La séptima: el que da los exercicios, si vee al que los rescibe, que está desolado y tentado, no se haya con él duro ni desabrido, mas blando y suave, dándole ánimo y fuerzas para adelante, y descubriéndole las astucias del enemigo de natura humana, y haciéndole preparar y disponer para la consolación ventura.

Es como parte de la dinámica de acompañamiento solidario y gratuito que, como don del Señor, se otorga a unos para beneficio y sostén de otros.

Es una parte de la fraternidad que se construye en el mundo, cuando nos apoyamos moralmente mutuamente, más allá de nuestro propio interés.

Ofrecí la espalda a los que me golpeaban, la mejilla a los que mesaban mi barba. No oculté el rostro a insultos y salivazos. Mi Señor me ayudaba, por eso no quedaba confundido; por eso ofrecí el rostro como pedernal, y sé que no quedaré avergonzado.

En el relato del profeta se lee la subjetividad de Jesús, lo que debió sentir.

Así se completa la objetividad del relato de la pasión.

La fuente de fortaleza del Señor es la confianza en su Padre y en lo correcto de su misión.

No sólo en que la misión del Reino es buena, sino que ha ejercido el ministerio éticamente.

Sus dolores y humillaciones van más allá del mero rechazo a su persona individual. Tienen que ver con su ministerio, su dedicación al Designio.

Este es un enfoque que ayudaría a dimensionar las pruebas de nuestra vida y aportarles coraje de esperanza.

Salmo responsorial: 21

"Acudió al Señor, que lo ponga a salvo; que lo libre, si tanto lo quiere."

La pasión o dicho en otra forma, el padecer de Jesús, a pesar de su transformación icónica, es sobre todo el drama del dolor, la amargura y la desilusión, pero también del coraje, la fe y la fidelidad hasta la muerte, en su adhesión a un Padre amado y a su voluntad.

Este testimonio, en nuestro tiempo deshumanizado, que se mueve por la adhesión de la causas y el pulular de ideologías, nos baja a la tierra sólida del amor martirial, que llega hasta las últimas consecuencias de fidelidad y seguimiento.

Por eso otros maestros en la vida espiritual nos han ido señalando ese valor sobre todo valor y a él se han consagrado en su personas y sus obras, tal como Teresa de Jesús, Juan de la Cruz e Ignacio de Loyola.

Este momento de la celebración inicial de la pasión y muerte de Jesús, corazón del Kerygma apostólico, es óptimo para revisar las actitudes de nuestro abordaje y si es preciso empeñarnos en nuestra conversión para alcanzar ese amor.

La estrategia premium del anti-reino, no es la pasión y la muerte, sino arrancar en ese proceso una apostasía, una renegación del Dios Padre y Madre, amoroso y presente.

Pero tú, Señor, no te quedes lejos; / fuerza mía, ven corriendo a ayudarme

Una pobreza sin par: quedarse solamente con el Padre en quien se confía por fe, más allá de toda certidumbre. Como un gesto generoso, en cuya plusvalía debemos creer que alienta el Espíritu del Padre.

Filipenses 2, 6-11

no hizo alarde de su categoría de Dios

Pensar que este himno de la primitiva comunidad implica un voltear la imagen de divinidad de pueblos teocráticos, con mentalidad fideísta y providencialista, para quienes la divinidad externa y de poder es como el aire que se respira. Algo diametralmente opuesto a nuestro ethos actual.

Y que en esa atmósfera gane fuerza una divinidad renunciada, despojada, desvestida, completamente humanizada, tiene que haber dado pie a un escándalo mayúsculo como un preámbulo para iniciarse en esa fe.

Una fe que comienza o nace por el desconcierto, por una metanoia que equivale a un fin del mundo, donde se vienen abajo los puntos referenciales que orientan el sentido de la existencia.

se despojó de su rango y tomó la condición de esclavo, pasando por uno de tantos

Por qué este camino de abajamiento, esta lógica de autonegación de la propia importancia y valía es el camino de Jesús que salva? Que prospera en el Reino de Dios?

Para su traducción más adaptada a nuestro mundo no parece conveniente recurrir a modelos clásicos de abajamiento, porque está desacreditados por las ciencias actuales como trastornos de la personalidad: baja autoestima, inseguridad, tendencia a la autodestrucción y el castigo.

Para nuestra actualidad es más creíble un despojo y auto-olvido que se cifra en luchas, consignas, entrega a movimientos de cambio social.

Pero lo pongas donde lo pongas, toda clave de abajamiento es susceptible de corrupción, de larvada manipulación, si no se da una vigilancia constante y una apertura sensible y constante al Padre viviente de Jesús.

A esto se refiere el profeta cuando habla de tener una lengua de discípulo y abrir el oído cada día muy temprano.

Mateo 26, 14-27, 66(A)

Mc14,1-15,47(B)

Lc22,14-23,56(C)

Prendimiento

andaba buscando ocasión propicia para entregarlo

preparemos la cena de Pascua

apareció Judas, uno de los Doce, acompañado de un tropel de gente, con espadas y palos, mandado por los sumos sacerdotes y los senadores del pueblo

Habéis salido a prenderme con espadas y palos como a un bandido? A diario me sentaba en el templo a enseñar y, sin embargo, no me detuvisteis

todos los discípulos lo abandonaron y huyeron

Indagatoria de autoridades judías

lo llevaron a casa de Caifás, el sumo sacerdote

se reunieron para preparar la condena a muerte de Jesús

el traidor sintió remordimiento

fue y se ahorcó

Juicio ante el gobernador romano: Pilatos

Jesús fue llevado ante el gobernador

no contestaba a ninguna pregunta

el gobernador solía soltar un preso, el que la gente quisiera

se estaba formando un tumulto

les soltó a Barrabás

a Jesús, después de azotado, lo entregó para que lo crucificaran

Los evangelios traen una mezcla de escasas menciones con una proporción de credibilidad histórica, y diálogos, dichos y referencias a la escritura, que comprensiblemente corresponden a la reflexión de fe de las comunidades cristianas del comienzo.

Esta plusvalía de subjetividad creyente ha llevado en diferentes momentos desde el siglo 18 al presente, a investigaciones de lo histórico de Jesús de Nazareth.

Un tema hoy muy debatido y profusamente escrito que se ubica bajo la etiqueta de "Jesús Histórico".

Una interpretación que le haga justicia a la credibilidad histórica de los evangelios, tendría que vérselas con la escasa cantidad de datos y testigos, pero también con la posibilidad de una dramatización realizada por las comunidades cristianas, unos 25 o 30 años después de la muerte y resurrección de Jesús.

En esa dramatización con propósitos catequéticos y evangelizadores, no tenemos por qué descartar autenticidad o base histórica en algunos planteamientos.

Lo contrario sería tenerlos como ilusos fantaseadores que imaginaron en demasía, llevados por su fanatismo sobre Jesús.

El tiempo de dos milenios se está encargando de convencernos que esta última hipótesis es la verdaderamente ilusa y de poco sentido común.

Por lo tanto si las comunidades por su re-lectura de las escrituras, la vida y muerte de Jesús y su experiencia de fe, encontraron esencial confesar a Jesús de Nazareth como hijo de Dios, en sentido trascendente y divino, incluso hasta el extremo del martirio, no parece proporcionado ni justo denegarle base histórica a sus creencias.

En este supuesto de fe nos apoyamos las generaciones que venimos después, y así confiamos.

Lunes Santo

Isaías 42, 1-7

Mirad a mi siervo, a quien sostengo; mi elegido, a quien prefiero

Esta Palabra aparece en el contexto de la deportación a Babilonia, con la caída del reino de Judá.

Expresa una preferencia paradójica: en alguien, persona o colectivo, se publica un apoyo, una cercanía, un amor mayor.

Hoy el mundo desde muchas trincheras de opinión clama por una preferencia: los pobres.

Parece haber cundido y haberse puesto al rojo vivo la proclama de Jesús: que lo que hagamos con uno de sus pequeños lo hacemos con él.

Y así todo tipo de víctimas son ahora defendidas, escuchadas, recordadas, pero con poco éxito aún.

Sobre él he puesto mi espíritu, para que traiga el derecho a las naciones. No gritará, no clamara, no voceará por las calle.

Más que decir, el siervo hace. Es el modelo de la frase ignaciana de los ejercicios en la contemplación para alcanzar amor: el amor se debe poner más en las acciones que en las palabras.

Un criterio filoso como un cuchillo que separa la verdad de la mentira. La autenticidad de la propaganda.

Vivimos más bien una hiperinflación del decir más que del hacer, tanto que vivimos crispados con tanta denuncia, reclamo, queja, inconformidad en nombre de los derechos conculcados.

Lo que nos debemos preguntar es por el Espíritu que los anima, si produce buenos frutos, buenas acciones, amor de servicio.

Al oprimido, aplastado y estrellado no lo terminará de dañar, porque no viene a castigar sino todo lo contrario.

La caña cascada no la quebrará., el pabilo vacilante no lo apagará, hasta implantar el derecho en la tierra, y sus leyes que esperan las islas

No es suficiente ese discurso. Se requiere un seguimiento al estilo del paradigma de todo siervo: Jesús de Nazareth.

Estamos en la semana memoria y contemplación de su estilo redentor, y sobre todo hemos de celebrar su generosidad para ir hasta las últimas consecuencias que fue el patíbulo.

Esa lección nos hace bien, porque solemos dejar el arado y mirar atrás. Nos devolvemos del camino andado. Nos endurecemos. Olvidamos las promesas. Perdemos la inspiración y el amor del Señor Jesús, que nos inspira.

Estamos en el tiempo bendito y la oportunidad de gracia, para recuperar en algo ese carisma que es el núcleo del Kerygma: Jesús muerto y resucitado.

Amar con Espíritu significa atarse a la buena acción hasta lograr un objetivo: derecho en todo, justicia en todo.

Más allá de la legalidad.

dio el respiro al pueblo que lo habita y el aliento a los que se mueven en ella.

Porque la constante tribulación desalienta y corroe la confianza.

te he hecho alianza de un pueblo

La alianza estuvo en tablas de ley. Ahora en una existencia única, la de Jesús de Nazareth.

La alianza de Dios es Jesús, la de Jesús es el pobre, el pequeño hermano

abras los ojos de los ciegos, saques a los cautivos de la prisión, y de la mazmorra a los que habitan las tinieblas

Las buenas acciones del servicio se refieren a situaciones en las que seres humanos gimen por un sufrimiento que los tiene atados, y viven sin esperanza. En su horizonte no aparece el cambio para mejorar.

viene a iluminar.

Salmo responsorial 26

me esconderá en lo escondido de su morada, me alzará sobre la roca

Sentimientos como éstos expresados en los salmos nos ayudan a asomarnos en el interior del corazón de Jesús de Nazareth durante su pasión. Porque nos ha legado una confianza en el Señor, firme como asentada en roca.

Un servidor con su Espíritu no desfallece ni teme; se mantiene en la brecha.

Juan 12, 1-11

¿Por qué no se ha vendido este perfume por trescientos denarios para dárselos a los pobres?

Juan es el evangelista más duro con Judas. Algunos entendidos vinculan el autor de este evangelio con Lázaro y con el discípulo amado. Parece en todo caso, que es un evangelio que va más allá sobre algunas circunstancias privadas de Jesús.

Señala algo que pasa a veces con los frenéticos que usan a los pobres: que los usan para sus intenciones ocultas.

Y reducen el evangelio a la causa sociológica de los pobres y así lo separan de la fuente de esa inspiración, que es el propio Jesús.

Hoy también es posible que reclamáramos y protestáramos por vincularnos a Jesús y honrarlo alegando que nos olvidamos de los pobres y que él nunca centró en su persona el mensaje sino en lo estructural: el reino de Dios.

Este tipo de reducciones rasgan a lo largo de la historia, la fraternidad de nuestra comunidad eclesial. Porque el balance equilibrado de los énfasis interpretativos es un don para la fe por parte del Señor.

(Esto lo dijo no porque le importasen los pobres, sino porque era un ladrón; y como tenía la bolsa llevaba lo que iban echando)

Actualmente hay quienes revalorizan a Judas y su papel, basados en documentación gnóstica antigua.

Se inscribe esta iniciativa en una interpretación generalizada que parte de las víctimas y de los excluidos, también en las fuentes oficiales de las instituciones.

Se sospecha y toma por falsedad y adulteración los relatos que han sido aprobados oficialmente por la jerarquía eclesial, porque pueden dolosamente callar injusticias, aferramiento al poder y la codicia.

El creyente tiene ante sí un texto, un relato y un anti-texto o un anti-relato.

En Judas Juan censura su pretendida defensa de los pobres, que también descalifica la acción de María, hermana de Lázaro, quien unge los pies de Jesús.

Déjala: lo tenía guardado para el día de mi sepultura; porque a los pobres los tenéis con vosotros, pero a mi no siempre me tenéis.

Tampoco es del gusto de los activistas una sentencia que se pueda interpretar como un determinismo.

Los que gastan parte o toda su vida en trabajar por un cambio discrepan que la pobreza o los pobres sean para siempre.

Pero se trata de una visión desde la revelación del designio del Padre para la fe. Según ella del corazón humano brota la injusticia. Mientras exista uno existirá el otro y sus víctimas: los pobres.

Se trata de un acto profético, una anticipación del embalsamamiento de Jesús, quien próximamente será ejecutado.

Por otro lado, María tenía motivos de sobra para festejar y homenajear a su huésped, quien había resucitado a su hermano, ahora presente como comensal.

Judas en ninguna de estas motivaciones se ubica, enfocado en robar dinero. Queda muy mal parado Judas, en este relato de Juan.

Más que extrapolar el dicho sobre los pobres, como si se profetizara que nunca terminará de haber pobres, cosa que parece una blasfemia para los esfuerzos de los objetivos del milenio según la ONU, lo que resalta es que en la práctica Jesús pronto ya no estará vivo, no al modo de Lázaro, porque su muerte está cerca. Otro modo de vida le espera.

Pero por otro lado si nos referimos a la existencia de pobres, sin desalentar nuestros esfuerzos para eliminar la pobreza, hemos de tener en cuenta que la multiforme pobreza, como la mala yerba, siempre aparece para retar nuestros esfuerzos, y anuncia así enigmáticamente, que sólo el dueño de la historia tiene la hoz que la segará definitivamente al final de todo, cuando la justicia de Dios sobrevenga.

Los sumos sacerdotes decidieron matar también a Lázaro, porque muchos judíos, por su causa, se les iban y creían en Jesús.

Para los saduceos, semillero de Sumos Sacerdotes, lo tocante a otra vida más allá de la muerte contrariaba su visión de las escrituras.

No sólo era por el poder amenazado, sino por la creencia que se anidaba en el poder.

Una nueva vida como la del mensaje del Reino era temible para los saduceos y su estilo de vida. Iban a perderlo todo.

Ni se imaginaban que aunque Jesús fuera eliminado físicamente, más adelante habría una revuelta de los zelotas que materializaría ese temor. Lo perdieron todo.

Martes Santo

Isaías 49, 1-6

Estaba yo en el vientre, y el Señor me llamó en las entrañas maternas, y pronunció mi nombre

Un atractivo de nuestra fe que recibe y reflexiona la Palabra es su llamada personal, que nosotros entendemos y aplicamos personalizada.

Se sugiere a los educadores conocer y llamar por el nombre a sus discípulos, para salir de la invisibilidad y anonimato de la masa, y adquirir la conciencia de ser alguien.

El Señor con su Palabra nos muestra en la historia de salvación varios alguien, que va levantando y enviando, por lo cual nosotros guardamos el gozo de que también somos nombrados y enviados, para ser alguien en su presencia.

Hoy en día en el lenguaje de la solidaridad social y sociológica es común el pregón sobre la lucha por hacer visibles a los invisibles, aquellos a quienes algunas sociedades desatienden, descuidan y hasta marginan.

Frente a ello nuestra inspiración de fraternidad solidaria tiene un fundamento en el paradigma de nuestro Señor que nos llama y envía, a seguir llamando y haciendo personas.

Es quizá el fondo de la misión evangelizadora y ética de los cristianos: lograr personas, personificar y con ello dignificar.

Cuando un padre y madre contempla a sus hijos crecidos y autónomos, su satisfacción y gozo es concluir que han llegado a ser personas dignas.

Desde el vientre se es persona, con vocación individual desde el Señor, con misión propia, no un número más, una cosa más, que se pueda desechar.

"Tu eres mi esclavo (Israel), de quien estoy orgulloso".

Se cuenta que S. Francisco de Borja, tercer Superior General de la Compañía de Jesús, tenía acceso a la corte del emperador español Carlos V, antes de entregarse a su vocación religiosa.

Y su admiración era la emperatriz Isabel de Portugal, por su belleza. Cuando ella falleció, al contemplarla en su féretro, tuvo la revelación de su vida, que él llamó su conversión, y exclamó: juro también no más servir a señor que se me pueda morir(*La vida de santa Teresa de Jesús* (14ª edición). Madrid: Ediciones Palabra. pp. 97–98. ISBN 84-7118-298-X.)

Quizá debiéramos tomar pie de esa experiencia y hacer nuestra propia deducción, porque hemos de servir a alguien o algo en la vida. Qué tal que lo hagamos con el señor o señora equivocados?

Hizo de mi boca una espada afilada, me escondió en la sombra de su mano; me hizo flecha bruñida, me guardó en su aljaba y me dijo: "Tu eres mi esclavo (Israel), de quien estoy orgulloso".

La misión única y propia viene inspirada por el Señor y a Él hay que rendir cuentas de ella. Es una misión para hacerse realidad, se quiera o no. Por eso la docilidad ayuda, pero aun en rebeldía, el objetivo se logra, porque en su misterio el Señor respeta la libertad donada, pero lleva a término su proyecto.

Mientras yo pensaba: "En vano me he cansado, en viento y en nada he gastado mis fuerzas", en realidad mi derecho lo llevaba el Señor, mi salario lo tenía mi Dios

Podríamos considerar que el siervo por excelencia, Jesús de Nazareth, al final de su vida, como en esta semana que celebramos, tendría también los pensamientos que salen de la depresión por la cercanía del fin. Y sentiría que quizá su misión no había sido tan exitosa porque terminaba mal.

El Espíritu en cambio lo ascendía a consideraciones más positivas y llamaban a su esperanza, poniendo su éxito en manos de su Padre.

Nuestra autopercepción puede engañarnos de más o de menos sobre el éxito o sentido de nuestra existencia individual.

Muchos afanes de cualquier tipo son como ansiosos alegatos a favor de la valía de nuestra existencia, para conjurar el miedo que surge de la posibilidad de nuestro fracaso vital.

Pero es bueno considerar que somos como un tejido que se confecciona a lo largo de la existencia con hilos de diversos tonos, colores y calidad. De manera que todavía no sabemos nuestro aspecto final y de conjunto, y lo más positivo es dejar bajo la mirada amorosa del Padre la auténtica percepción del resultado final.

Muchas vocaciones de servicio, en el cambio cultural que experimentamos en el siglo 21, nos cuestionamos y deprimimos ante la poca estima, y la dudosa eficacia de nuestros esfuerzos. Porque el reconocimiento es magro, la crítica que nos rodea es mucha, la indiferencia es evidente, y los resultados son aparentemente nulos o ambiguos.

Ante el Señor nosotros mismos nos vemos en la situación del siervo inútil, que si hace lo que tiene que hacer, no merece mayor gratificación.

Y así hay que vivir en la oscuridad de la fe y con la esperanza que da el texto: que en lo profundo del designio Él lleve mi derecho, y tenga mi salario.

Los resultados parecen escasos y cunde el desaliento. Es un gozo saber que, quien pondera nuestros resultados es el Señor, y no el éxito necesariamente.

te hago luz de las naciones, para que mi salvación alcance hasta el confín de la tierra

Quizá esto escuchó Jesús de Nazareth al ser levantado de entre los muertos, como aquella revelación que el Padre reserva al final para el tejido de nuestra vida.

En la identificación de la comunidad de Jesús sobre su maestro y las Escrituras, late una convicción de su validez universal, no obstante que ahora se le relativice, sobretodo entre los mismos cristianos.

El afán de fraternidad con otros pueblos y culturas no nos debe conducir al menosprecio y desprestigio de la misión universal de Jesús de Nazareth.

Así Jesús cuyo éxito era evidente por la respuesta de la gente, también experimentó la merma de la aceptación y entró en la duda de su misión, porque debió aprender que el criterio de la fama no es absoluto, ni permanente, y la significatividad del carisma se acrisola de varias formas. Todo esto aprendido con lágrimas y sangre.

Salmo responsorial 70

no quede yo derrotado para siempre

Nos preocupamos por no fallar definitivamente en la misión.

Confesemos que eres el único absoluto que nos puede sostener en medio del descrédito y el abandono.

Porque tú, Dios mío, fuiste mi esperanza /Y mi confianza, Señor, desde mi juventud. / En el vientre materno ya me apoyaba en ti, / en el seno, tú me sostenías

Los minutos aciagos de amenaza y peligro para Jesús eran el Kayros, el tiempo oportuno, para la presencia del Padre, a quien le oraba con esperanza, llamando a la confianza que apaciguaba su temor.

Mi boca contará tu auxilio

Porque me llamaste a participar debo confiar en tu apoyo.

Juan 13, 21-33. 36-38

Jesús, profundamente conmovido, dijo: Os aseguro que uno de vosotros me va a entregar.

Quizá Jesús sintió que no era buen indicio del éxito de su misión esta traición de Judas. Los fracasos de los seguidores de un carisma, de una autoridad, de un educador, se erigen como juicios de nuestra propia

capacidad, pero en el fondo se trata del misterio de la libertad humana y la iniciativa gratuita del Señor.

Señor: ¿quién es?

Quien esté detrás de este evangelio debe estar muy cerca de esa fuente tan íntima de Jesús, que en un momento como este revela la identidad del traidor. Este mismo evangelio trata a Judas con los términos más duros de todos los evangelios. Incluso parece un sentimiento personal.

Este íntimo de Jesús debió sentir lo que significaba para su maestro esa deserción, el sufrimiento que le acarreaba. Y el íntimo sufrió con él, como es propio de los amigos.

La confianza de la intimidad, de la aceptación, de ser contado entre los depositarios de secretos.

Detrás del pan, entró en él Satanás.

Quien tienta a Judas para hacer algo asumido como bien.

Ahora es glorificado el Hijo del Hombre y Dios es glorificado en él (Si Dios es glorificado en el, también Dios lo glorificará en sí mismo: pronto lo glorificará).

El tono solemne de este comentario nos alerta sobre una realidad de fe compleja a desentrañar: la gloria, la glorificación del enviado y del

Padre que envía, que se dan en una realidad trágica como es la muerte de Jesús y su posterior resurrección.

Puede ser que el relato está llegando al punto máximo en el que se da testimonio de una intención salvífica. Se acerca un gesto extremo y radical que sirva como un lenguaje creíble de entrega, amor, perdón y salvación.

Quizá porque en este momento el resto que permaneció con Jesús, en su proceso de aciertos y desaciertos, mantendría el rumbo de la misión a la que fueron llamados.

Los evangelios gnósticos asignan a Judas la misión de la traición, quizá en un intento de salvarlo y redimirlo. Quizá tienen razón desde el punto de vista del designio de Dios, que todos acabaremos cumpliendo, dóciles y rebeldes.

El doble lenguaje o el doble registro: el hombre Jesús que camina hacia su glorificación, que es la de Dios, porque entre ellos hay una comunicación excepcional.

me acompañarás más tarde

Jesús goza de una glorificación también colectiva, como servidor de una colectividad, y Pedro es el símbolo de ésta.

Daré mi vida por ti. Jesús le contesto: ¿Con que darás tu vida por mí? Te aseguro que no cantará el gallo antes que me hayas negado tres veces.

Pedro se pudo haber motivado para este ofrecimiento, viendo la traición de Judas, pero no midió sus fuerzas. Nuevamente Jesús lo puso en su sitio. Cuando las circunstancias nos ponen en nuestro sitio y volvemos a nuestro verdadero tamaño histórico, es posible despreciarnos y desesperarnos. Es una gracia que la mirada de Jesús nos sostenga, perdonándonos. Porque es el único que conoce como se ve nuestro tejido finalmente.

La sabiduría de Pedro estuvo en mantenerse en el proceso no obstante sus errores.

La Iglesia es una colectividad que debe aprender en cabeza de su paradigma Pedro, quien porta el carisma de la confirmación en la fe, a convertirse, a pesar de la traición que comete, de la debilidad de la que hace gala, hasta encontrar la fortaleza que viene del Padre.

Miércoles Santo

Isaías 50, 4-9

Mi Señor me ha dado una lengua de iniciado, para saber decir al abatido una palabra de aliento

Un creyente es un discípulo, si cree en Jesús de Nazareth. Por eso nuestra devoción, aunque sana, no debe estancarse en la adoración estática, ni de símbolos ni de imágenes.

Quien se sienta atraído a Él, debe asumir su causa, su reino que es el dominio del Padre.

Se trata de una dedicación con entrañas de misericordia, lejos de avasallar, imponer u obligar.

Porque es dando que recibimos, entregando que nos devuelven, amando que somos correspondidos.

En un proceso de escucha por fe de la Palabra, se da una alerta frecuente en la conciencia sobre temas, actitudes, afectos, que progresivamente se revelan como inéditos, autónomos, que salen a nuestro encuentro.

Es una Palabra silente pero interpelante, viva, disponible siempre para quien quiera escuchar.

Los videntes, místicos, espirituales han logrado involucrarse y profundizar de tal modo en este proceso abierto a todos por fe, que nos comunican su sensibilidad de un Dios viviente y amoroso, y su voluntad de salvación.

La llave para ingresar a este proceso es un conversión de gracia a la Palabra, el arrepentimiento honesto de su desvío, y la esperanza puesta en el Señor fiel.

En el proceso la Palabra se hace escuchar en las circunstancias de la vida, en los seres humanos, en la creación y en lo profundo de nosotros, construyendo una sintonía y una armonía, que incluye contrastes.

¿quién probará que soy culpable?

La agonía frecuente de la culpabilidad marchita nuestro gozo de vivir. Es una artimaña para dejarlo todo y abandonar el esfuerzo de la conversión. La invitación al camino ancho que lleva a la perdición.

Estas palabras además de posibles en la voz de Jesús, en su pasión, pueden ser apropiadas por tantos que en su nombre hacen su itinerario. Como la mujer adúltera a quienes varios querían apedrear, y Jesús confrontó en silencio sus pasados, inhibiendo la ejecución. Ella pudo decir entonces : quién probará que soy culpable?

Ofrecí la espalda a los que golpeaban, la mejilla a los que mesaban mi barba. No oculté el rostro a insultos y salivazos.

Jesús asume con actitud serena más que estoica, alentado por un amor a su Padre y al mundo, que el Padre quiere salvar. Jesús afronta la rebeldía, el odio hacia lo que se ignora como bien. Esa rebeldía provoca la tentación de castigo y rechazo. Pero el Espíritu inspira hacia la contemplación de un bien posible, más allá de esa apariencia.

Jesús ama el bien de la gente, más allá de su propio bien. Es un despojo radical de la apariencia de dignidad e inocencia, para profundizar en la justicia –misteriosa– del Padre.

Salmo responsorial 68

Por ti he aguantado afrentas, / la vergüenza cubrió mi rostro. / Soy un extraño para mis heermanos, / un extranjero para los hijos de mi madre; / porque me devora el celo de tu templo, / y las afrentas con que te afrentan caen sobre mí.

Jesús como los profetas, tiene un vínculo único con el Señor Dios de Israel y sienten como suyo lo que afecta su gloria. Es una identificación especial entre un humano y la divinidad. Va más allá de un interés o beneficio, y tiene que ver con su salvación: ese dominio benéfico y benefactor de todo, en el que la vida en toda su riqueza se hace posible.

Esta definición de una situación es nítida en el caso de Jesús, aunque si tomamos en serio su identificación con nosotros, y lo que dice la escritura, que él aprendió sufriendo a obedecer, no se le debió ahorrar la duda sobre su inocencia. Jesús pudo dudar de su inocencia a pesar de serlo ante Dios. La justificación por parte del Señor vino después y lo glorificó, exponiendo que en efecto era un justo.

Quizás Job no hubiera sido tan sensible a las críticas de sus presuntos amigos, si estuviera totalmente seguro de que ellos no llevaban razón. A pesar de su inocencia pudo albergar la duda, y la inquietud sobre el verdadero juicio de Dios. Esta agonía humana, sufrir sin saber si hay o no causa proporcionada para ese sufrimiento, no le pudo ser ajena al mediador perfecto que es Jesús.

Jesús fue en su dolor el blanco de la idolatría: es el fondo teológico de tanto sufrimiento. Contra él se estrellan entonces y ahora las imágenes, ideologías, concepciones, subjetividades y veleidades en la concepción de la divinidad. Porque Jesús es la auténtica imagen del Dios Padre de todos. Y también como Emmanuel, contra él se estrellan los constructos sobre el ser humano, que fueron y son.

Espero compasión, y no la / hay, / consoladores, y no los encuentro

Quien vive así no se contenta con cualquier paliativo. No descansa en cualquier excusa o disculpa. Vivir al Señor y su designio es una pasión, que se vive aún contra los propios intereses.

En mi comida me echaron hiel, / para mi sed me dieron vinagre

El discipulado de Jesús se constituye a su semejanza con hombres y mujeres buenos a toda prueba. Rabiosamente buenos y justos.

Son aquellos que crecen en la capacidad de superar el mal con bien, justicia y amor, cada día.

Que el Señor escucha a sus pobres, / no desprecia a sus cautivos

Este es el designio del Señor: los menos favorecidos hallarán salvación.

Seguir dando gracias en medio de la aflicción es un prodigio del

Espíritu, que transforma en holocausto cualquier pasión.

Mateo 26, 14-25

fue a los sumos sacerdotes y les propuso: ¿Qué estáis dispuestos a darme si os lo entrego?

Porque no obstante las acechanzas de la dirigencia, no había podido concretar la coyuntura propicia para detener y ajusticiar a Jesús. Lo hizo alguien que vino del círculo íntimo del mismo Jesús. Lo entregó su propia gente. Ni Jesús con toda su inocencia, amor y dedicación a los suyos pudo impedir una decisión tan tenebrosa.

Ellos se ajustaron con él en treinta monedas

También Juan da a entender que el amor por el dinero perdió a Judas Iscariote. Se especula sobre otras causas más ideológicas.

Quizá debíamos aceptar que enmascaramos pasiones básicas. En este caso la codicia.

Entregamos a Jesús cuando preferimos nuestra pasión fundamental.

Digamos que hoy Jesús es los pobres. Si prefiero mi no valor fundamental a ellos, estoy fuera del reino.

Pero en Mateo refulge otro motivo que se relaciona con las escrituras y refuerza una lectura teológica. Ésta consiste en la búsqueda del mensaje de Dios en los acontecimientos.

Jesús es entregado por el precio de un esclavo, según el mercado de tráfico humano de entonces.

Su vida y misión, y al cabo su pasión es considerado un servicio, como el de un esclavo, que se lleva a cabo en circunstancias ignominiosas, para que resplandezca su ofrecimiento transparente de amor y buena voluntad.

No podemos esconder que el tráfico humano continúa hoy en muchas formas, incluyendo a los inmigrantes, esclavizados fuera de sus tierras por la esperanza de un calidad de vida superior.

Ellos nos recuerdan una pasión que continúa, y no por un ofrecimiento de buena voluntad, sino forzados por la violencia que desatan las pasiones de los poderosos.

Entregado a precio de esclavo: como recoge el himno a Filipenses. Se identifica con el último peldaño de la escala social, de una sociedad de castas.

Siempre hay castas en las sociedades, más o menos fluidas, porque son mecanismos al servicio del egoísmo de grupo.

Jesús en su vida y en su muerte destruye la división que nosotros nos empeñamos en levantar. Porque es él de quien se dice en la parábola de los convidados: amigo sal del último puesto y ven más arriba, a un puesto más digno.

En nuestro mundo actual se dan reacciones de rebeldía frente a las divisiones creadas por nuestros mayores. En parte es el rechazo a lo tradicional: como han consagrado privilegios a favor de unos pocos.

Sin embargo la alerta no debe concluir, porque renacen nuevas especies de divisionismo y castas en sociedades que se habían revuelto para terminarlas.

deseo celebrar la Pascua en tu casa con mis discípulos

En ázimos, pureza no contaminada por lo viejo, Jesús se reúne con su nueva familia: los que deberán seguir con la misión: anunciar que el Reino de Dios está cerca.

Según el último libro de Ratzinger, hoy Benedicto 16, Jesús de Nazaret II, él prefiere la versión joanea de que la última cena no fue pascual en el sentido judío, sino una cena solemne pero normal, que se puede entender como institución de una pascua cristiana.

Continuidad y cumplimiento o rompimiento y novedad?

El respondió: El que ha mojado en la misma fuente que yo, ése me va a entregar.

Según Juan, esta identificación del traidor es algo entre Jesús y el discípulo amado. No como aquí que parece del conocimiento público. Si así fuera podría esperarse una reacción de represalia contra Judas, al menos del impulsivo de Pedro.

Entonces preguntó Judas, el que lo iba a entregar: ¡Soy yo acaso, Maestro? El respondió: Así es.

Perfidia redomada? O último grito de Judas para que Jesús lo confronte y pueda cambiar de opinión? Qué se agitó en esas tinieblas del corazón que decidían la suerte de Jesús?

El Hijo el Hombre se va como está escrito de él; pero ¡ay del que va a entregar al Hijo del Hombre!, más le valdría no haber nacido

Aun así no nos atrevemos a sentenciar la posible condena de Judas Iscariote, todo un desafío a la misericordia del Padre.

Jueves Santo

Éxodo 12,1-8.11-14

la **asamblea** de Israel:

Del hebreo edah: congregación, reunión y proviene de yaad: acordar reunión, reunirse por acuerdo, citarse para encontrarse.

Qahal: reunidos, congregados. Hace énfasis en que son llamados a reunirse.

Quizás la diferencia de la primera con la segunda se basa en el carácter de la reunión: por iniciativa propia o por ser llamados.

En el texto la Palabra se dirige a Moisés y Aarón para que hablen a los que se han reunido(edah), con lo cual se constituyen en qahal. Ésta palabra es la propia de la Revelación, porque es la que llama a los que se han reunido para creer.

Así la reunión de los que se encuentran pasa a otro nivel, porque son llamados por la Palabra.

Más adelante los reunidos alrededor de Jesús, quizás por su propia voluntad y atracción a él, se convierten en una asamblea de llamados a creer en un reino.

Un reino que no se reduce a los que acuerdan reunirse, sino que se extiende a muchos que ni pensaban que existían: de toda raza, pueblo o nación.

Esa noche comeréis

Esta noche pasaré

La sangre será vuestra señal

La Palabra que nos llega, milenaria y sabia, ha venido sumando significaciones para diferentes generaciones de creyentes.

Los creyentes actuales somos a la vez herederos de antiquísima tradición y dispensadores de nuevas significaciones para las actuales y futuras generaciones.

Somos memorial que peregrina.

La comida de fiesta viene desde los tiempos del pastoreo nómada.

Se incorpora después la liberación del yugo del Faraón por el Paso (Pascua es un calco del griego *paskha*, derivado del arameo *pashá* y del hebreo *pesah*. El origen de este nombre es discutido. Algunos le atribuyen una etimología extranjera, asiria (*pasahu*, apaciguar) o egipcia (*pash*, el recuerdo; *pesah*, el golpe); pero ninguna de estas hipótesis se impone. La Biblia relaciona *pesah* con el verbo *pasah*, que significa ora cojear, ora ejecutar una danza ritual en torno a un sacrificio 1Re 18,21.26, en sentido figurado, «saltar», «pasar», perdonar. La pascua es el paso de Yahveh, que pasó de largo las casas israelitas, mientras que hería a las de los egipcios Ex 12,13.23-27 Is 31,5. http://hjg.com.ar/vocbib/art/pascua.html) del Señor.

Se podría pensar que la sangre es mencionada como expresión de una cultura violenta de guerra y venganza.

Pero no es así. La sangre es derramada, no de humanos, sino de animales como símbolo de la vida que aporta el Señor cuando libera.

Porque no sólo libera sino que da vida al liberar.

Muchos movimientos de liberación quizá recortan todo el significado de la libertad adquirida que busca una mejor vida.

Y lo comeréis así: la cintura ceñida, las sandalias en los pies, un bastón en la mano; y os lo comeréis a toda prisa, porque es la Pascua, el paso del Señor

La comida pascual de entonces tenía signos nómadas pastoriles. Venía de la cultura original del pueblo de Dios. Su simbolismo seguiría significando las diferentes etapas de Israel, como la época primera del amor primero, de la conversión primera. Fue la época del primer encuentro del designio de este Yavé con sus elegidos. Y su celebración tiene la intención de reverdecerlo, aun ubicado el pueblo en culturas diferentes.

y haré justicia de todos los dioses de Egipto.

Se trata de una comida en medio de una acción guerrera: Yavé contra el Egipto del Faraón. Por eso debe hacerse rápidamente y utilizar la sangre como escudo.

Salmo responsorial: 115

Alzaré la copa de la salvación, / invocando su nombre

Te ofreceré un sacrificio de alabanza, / invocando tu nombre, Señor.

Formamos un pueblo –de todas las esquinas del mundo– de paz. La justicia es para la paz. La sangre es para la vida. Y ésta en paz.

El Espíritu nos impulsa a alabar en cualquier circunstancia: ya sea agradable o no, según nos depara la vida o la copa.

Porque su voluntad de salvar, su amor, es el horizonte en el cual ubicamos los relativos buenos o malos momentos. En todo se manifiesta su gloria que es amor salvador.

1Corintios 11,23-26

Yo he recibido una tradición

Los que hemos recibido una tradición y la guardamos, si le encontramos sentido actual, no tenemos que avergonzarnos porque otros la ignoren o menosprecien.

Ya llegará, y eso hemos de buscar pacíficamente, el momento que encuentren su significación. Porque la verdad profunda llega suavemente, como la vida que aporta la sangre renovada a cada célula del cuerpo.

tomó pan y, pronunciando la acción de gracias

Jesús no organizó una guerra, sino su propio holocausto.

Jesús hizo una comida que se parece a la que las familias hacían por la pascua. La hizo en un ambiente de urgencia: amenaza de muerte, traición, dispersión de sus seguidores, ansiedad por el dolor de la tortura y la muerte en crucifixión.

Sin embargo esta copa rebosante de buenas y malas cosas es ofrecida en acción de gracias, como reconocimiento de Jesús al amor presente del Padre en todo, más allá de las apariencias.

haced esto cada vez que lo bebáis, en memoria mía

Que la acción de gracias en Jesús sea nuestra estrategia de lucha por la justicia y la paz.

Por eso, cada vez que coméis de este pan y bebéis del cáliz, proclamáis la muerte del Señor, hasta que vuelva.

Nosotros a diferencia de nuestros hermanos judíos comeremos al Señor Jesús, nuestra Pascua.

Juan 13,1-15

hora de pasar de este mundo al Padre

La buena nueva de la Palabra en Juan se profundiza en el significado de la Pascua. Será a partir de Jesús de Nazareth un pasaje del mundo al Padre.

Jesús en su sacrificio con sangre pero pacífico, culmina la apertura al Dios desconocido. Un Padre-Madre amoroso que nos aguarda.

Es un momento para Jesús de mayor conciencia de su identidad y misión. Justo entonces actúa con el mayor abajamiento y amor de servicio.

los amó hasta el extremo

un servicio extremo: como esclavo los atendió, como víctima se ofreció. Lava sus pies, se deja comer.

Juan hace énfasis en el abajamiento como de esclavo que hace Jesús, en el contexto de la comida pascual.

se levanta de la cena, se quita el manto y, tomando una toalla, se la ciñe; luego echa agua en la jofaina y se pone a lavarles los pies a los discípulos, secándoselos con la toalla que se había ceñido

"Lo que yo hago tú no lo entiendes ahora, pero lo comprenderás más tarde."

Es la experiencia de Jesús que intenta transmitirle a Pedro: el conocimiento profundo viene luego, con un Espíritu del Padre. Debe madurar el momento y las circunstancias.

El carisma de Pedro es una fe peregrina que va comprendiendo lo que hizo el Señor.

No todos estáis limpios

Para qué podría lavarse los pies Judas, si ya no estaba limpio por su traición, planeada y ejecutada. La traición a la fraternidad no necesita ser excluida, sino que configura una autoexclusión.

Más bien los creyentes debemos estar atentos a nuestra fidelidad fraterna, para no engañarnos en la presunción de estar limpios.

si yo, el Maestro y el Señor, os he lavado los pies, también vosotros debéis lavaros los pies unos a otros; os he dado ejemplo para que lo que yo he hecho con vosotros, vosotros también lo hagáis."

El memorial en los sinópticos se centra en Jesús comida, y en Juan se centra en Jesús servidor. Se trata de una equivalencia del ágape cristiano: el servicio a los otros es como la comida entre hermanos.

Comensalidad y servicio, compartir y mutua disponibilidad.

Signo que transparenta el amor mutuo, por el que nos reconocen como de Jesús.

Hacer nuestro servicio de ágape a la fraternidad, es la única señal que nos indica si de verdad estamos limpios.

Jesús es el cordero, en la nueva comida de conmemoración. El cordero inmolado es el que da gracias y nos pide que también la demos, proclamando su muerte hasta que vuelva.

Una muerte que nos lo convierte en comida y servicio, al unísono.

Esta es una dimensión muy profunda que le da brillo a lo cotidiano.

Trasciende hacia un mundo inesperado y gratuito.

Hace presente un designio de novedad y gozo.

Viernes Santo

Isaías 52,13-53,12

Mirad, mi siervo tendrá éxito, subirá y crecerá mucho

Así fueron los primeros tiempos de Jesús. Se confiaría él por sus primeros éxitos?

Los humanos nos enorgullecemos y sentimos alentados por nuestros éxitos.

En medio de ellos se dispondría a afrontar otros riesgos, como la muerte por ejemplo.? O eso estaba lejos de su cálculo? Sería Jesús el primer sorprendido de que no todos lo aceptaran y siguieran?

Como creyente de las escrituras, sabía de la suerte de otros hombres de Dios, hijos de Dios, profetas. Que habían muerto en la fidelidad a la misión de Yavé. No era totalmente ignorante.

desfigurado no parecía hombre, ni tenía aspecto humano

El maltrato y la violencia con la que fue castigado, transformaron su apariencia. Sería la viva imagen del abatimiento, del dolor.

hombre de dolores, acostumbrado a sufrimientos, ante el cual se ocultan los rostros, despreciado y desestimado

Cuando se ve este sufrimiento casi límite, en personas torturadas por alguna causa, se pregunta uno horrorizado: cómo pudo aguantar, sobrellevar, resistir.?

Un sufrimiento que no motiva al seguimiento sino más bien a la cobardía y evitamiento.

De ahí que la moción a sufrir por y con él, deba venir del Espíritu, quien labra la identificación profunda con Jesús.

El Señor quiso triturarlo con el sufrimiento, y entregar su vida como expiación

Este es el cuarto canto del Siervo de Yavé, en el libro del segundo Isaías, a quién los judíos toman como figura mesiánica del futuro, y los cristianos después de superar el escándalo de un mesías sufriente, identifican como Jesús de Nazareth.

Un siervo significa un colaborador, una con-parte de la alianza con alguien superior, un ayudante digno de confianza en quien se delegan tareas importantes.

También significa esclavo, de los que asumen tareas menos dignas de un hombre libre.

Entonces este Siervo de confianza se hace un siervo que carga con lo peor de los demás. Es castigado en nombre de otros, pero también recibe el daño de las malas acciones de otros.

Este servicio será recompensado y encumbrado y reconocido como salvífico: ese es su mesianismo.

Se abre al futuro un protagonismo novedoso a contrapelo del glamour ordinario de los protagonistas famosos.

La Palabra nos anima a asumir la solidaridad con los siervos de Yavé de hoy: pueblos, sociedades, colectividades y personas, la participación en su misión mesiánica de sufrimiento y gloria.

Ver e ir más a fondo de lo que se ve, lleva al profeta inspirado a establecer una causa del infortunio: ese sujeto maltratado, pueblo o individuo está así por nosotros. Es un chivo expiatorio, una costumbre que practicaban según Lev 16 para significar el perdón de todos los pecados, cargados sobre un animal que soltaban en el desierto.

Se trata de un arquetipo que se va revelando con el tiempo hasta la plena identificación con la historia de Jesús de Nazareth.

Una extraña solidaridad y reemplazo de nuestras culpas para librarnos de males mayores. Alguien que se entrega al demonio para que se satisfaga, y por lo mismo es despreciado.

La misma escritura es la que señala el parámetro para establecer el alcance y la significatividad de la oblación de Jesús. El "por nosotros" no es sin más un invento, sino una apropiación que hace la comunidad primera de su líder, en posesión de los antecedentes de la palabra.

No se entiende esta idea muy bien en la modernidad, para quien la imagen de Dios está muy alejada del Dios sanguinario que necesita sangre para aplacarse.

Ha hecho bien en alejarse de esa desfiguración teológica que impide el rostro verdadero del Señor.

Pero cuál es el sentido de esa expiación o satisfacción? Parece una idea antigua que el mismo Sumo sacerdote expresó: conviene que muera uno por el pueblo. La muerte de un inocente tiene alguna virtud compensatoria? Calma el torrente de violencia y venganza? Es lo contrario del ojo por ojo? Es lo único que desarma ese círculo infernal, odio que levanta odio, venganza que llama a venganza?

Por los trabajos de su alma verá la luz, el justo se saciará de conocimiento. Mi siervo justificará a muchos, porque cargó con los crímenes de ellos. Le daré una multitud como parte, y tendrá como despojo una muchedumbre. Porque expuso su vida a la muerte y fue contado entre los pecadores, él tomo el pecado de muchos e intercedió por los pecadores.

No muere por sí, muere por otros

No es que lo entendamos todo. Más bien no hay respuesta razonada y proporcionada, sino un sentido enigmático, una coherencia de sentido a otro nivel, una conveniencia que descansa en último término en la aceptación amorosa de la voluntad del Padre.

Salmo responsorial: 30

A tus manos encomiendo mi espíritu: / tú, el Dios leal, me librarás

La liberación puede ser en el ofrecimiento de una cautividad presente y activa.

Soy la burla de todos mis enemigos, / la irrisión de mis vecinos, / el espanto de mis conocidos; / me ven por la calle, y escapan de mí. / Me han olvidado como a un muerto, / me han desechado como a un cachorro inútil.

Esta es la cautividad de la que existe la esperanza de ser librado.

Pero yo confío en ti, Señor,

La resistencia de Jesús en la prueba de chivo expiatorio estuvo en su apoyo en el Padre y su confianza en su designio.

Sed fuertes y valientes de corazón, / los que esperáis en el Señor

La espiritualidad que acompañó la conquista y colonización de América, propia del siglo de oro español, hizo un fuerte énfasis en el sufrimiento y la resignación.

Nos acostumbramos a mirar y ser víctimas impotentes que utilizaban la paciencia para sobrevivir, y hacer de la obligación virtud.

Es una distorsión del sufrimiento, que siempre existirá por nuestra limitada y contingente condición humana.

Jesús vive el sufrimiento como resistencia, que es su misión a cumplir. Es el gesto de quien no transige con el pecado, la mala voluntad, la injusticia.

Es el salario del justo, no del corrupto.

Sufre quien no hace las paces con la iniquidad y se rehúsa a formar parte de ella.

No es un ejercicio de aguante, sino de confianza en el Señor, fuerza nuestra.

Hebreos 4,14-16;5,7-9

para alcanzar misericordia y encontrar gracia que nos auxilie oportunamente

Esto hemos de pedir para alcanzar en nuestra cuota de sufrimiento por la justicia. Así daremos testimonio de no ser parte de la injusticia de este mundo, y aceptaremos con gusto nuestra cruz para estar al lado de los crucificados del mundo.

Actualmente vivir el designio del Padre tiene a Jesús como

acompañante, cuya experiencia nos enseña.

ha sido probado con todo exactamente como nosotros, menos en el pecado.

Nunca Jesús, nos lo dice el relato de las tentaciones, desconfió de su Padre, sino que aceptó amorosamente su voluntad.

cuando en su angustia fue escuchado

Jesús fue escuchado, no para ser librado como pensó originalmente, sino por la fortaleza con la que asumió la prueba.

No es cualquier bravuconada, ni alguna acción temeraria, sino un don del Señor para afrontar el sufrimiento. Es como la unción del gladiador, para presentar un mejor combate.

Los mártires que nos han precedido, confesando la fe y su sentido de vida con su sangre, mostraron la entereza que les vino como don del Señor.

Juan 18,1-19,42

"Mete la espada en la vaina. El cáliz que me ha dado mi Padre, ¿no lo voy a beber?"

La comunidad desde el comienzo de su conversión comprendió que en seguimiento de su Maestro entraba en un combate por el reino, pero desarmados de espadas y armas.

Se combatiría con el sufrimiento sostenido por la fortaleza de la gracia para ofrecer al mundo inicuo la viabilidad de un camino alternativo.

Nos enseña a asir la copa del designio con la fe puesta en el Padre que nos la confía.

Asumimos así la existencia como chivos expiatorios conscientes que así colaboramos en el perdón de los pecados propios y ajenos. Es un sentido del acompañamiento.

Hasta llegar al convencimiento que lo que acontece es la voluntad del Padre, se debe luchar, como obsequio a esa misma voluntad.

El designio siendo uno, se nos muestra en diversidad de expresiones, y requiere nuestra atención y fe para ir estableciendo su curso. Unas haciendo otras padeciendo.

era Caifás el que había dado a los judíos este consejo: "Conviene **que muera un solo hombre por el pueblo.**"

La piezas encajan. Aunque no sea consciente del designio, los actores contribuyen a su realización. Es preferible hacerlo a ciencia y conciencia, por la visión que nos aporta la fe en el Padre y su designio.

"Si he faltado al hablar, muestra en qué he faltado; pero si he hablado como se debe, ¿por qué me pegas?"

El sufrimiento que se carga no debe confundirse con ausencia de iniciativa y creatividad para procesarlo. El don de fortaleza nos impulsa a hacer frente a la prueba con paz y serenidad.

Su enseñanza nos ubica en la autenticidad de lo que somos y lo que juzgamos como verdad para que demos testimonio de ella. Asumir la expiación y el designio no implica traicionarnos, ni envilecernos con falsas resignaciones.

Pedro volvió a negar, y enseguida canto un gallo

La comunidad aprendió de sus propios errores y del de sus pastores para fortalecerse en el combate de la cruz, sin jactancias y falsos protagonismos, con la gracia del Padre.

No sabemos ni podemos juzgar cuándo la semilla muere y da fruto. La evasión de una misión, la cobardía y pusilanimidad eventuales no son la última palabra antes de asumir el compromiso de la fe. Más bien la misericordia del Padre y su constante llamamiento por el Espíritu logrará el fruto en su momento.

Nadie hubiera dicho que de tal cobardía de Pedro, se desarrollaría un apóstol entregado que dio su vida posteriormente por el mensaje de Jesús.

Llevaron a Jesús de casa de Caifás al pretorio. Era el amanecer, y ellos no entraron en le pretorio para no incurrir en impureza y poder así comer la Pascua

La ironía joanea sobre la pureza del contacto físico con un recinto, pero dejando de lado la impureza profunda de entregar un inocente a la muerte manipulando al poder ocupante.

Todo el que es de la verdad escucha mi voz."

C. Pilato le dijo:

S. "Y, ¿qué es la verdad?"

No era de la verdad Pilatos, porque escudado en la duda o incertidumbre, no le daba paso ni la reconocía.

Ni debemos extrañarnos que haya quienes no lo sean actualmente, escudados en una crítica o método que sistemáticamente la expulsa de la existencia, para que esa verdad no juzgue sus malas acciones.

porque se ha declarado Hijo de Dios.

En esto coincide con el esfuerzo redaccional de Marcos en justificar el título de Hijo de Dios trascendente para Jesús, y no solamente el de Hijo de hombre, como el único que reconoció el Jesús histórico.

"Mi **reino no es de este mundo**. Si mi reino fuera de este mundo, mi guardia habría luchado para que no cayera en manos de los judíos. Pero mi reino no es de aquí."

Este mundo, este orden o desorden de cosas. Esta lógica de violencia y poder.

"Tú lo dices: soy rey. Yo para esto he nacido y para esto he venido al mundo: para ser testigo de la verdad. Todo el que es de la verdad escucha mi voz."

Pilatos enfoca la verdad y su problemática como tantos de su tiempo y ahora, con agnosticismo y relativismo. Trata a la verdad como un qué, no como un quién.

+. "No tendrías ninguna autoridad sobre mí, si no te la hubieran dado de lo alto. Por eso el que me ha entregado a ti tiene un pecado mayor."

De quién es el pecado mayor? Al maligno se le da poder para entregar y a sus colaboradores.

Lo alto igual se refiere al Emperador, a quien sirve Pilato. La entrega de Jesús ha sido con la amenaza de indisponer a Pilatos con él. Y bajo esta extorsión la dirigencia judía aparece con pecado mayor

Entonces se lo entregó para que lo crucificaran

Lo cual incluye el César, cuyo nombre hace temer más a Pilatos, que a su propio miedo supersticioso de la divinidad.

"Mujer, ahí tienes a tu hijo."

"Ahí tienes a tu madre."

Último despojo, última preocupación por la suerte de su madre, último gesto amoroso y reconocimiento a quien lo acompaña hasta el final. No la deja sola, sin sustento, abandonada.

"Tengo sed."

El signo de la deshidratación por la pérdida de fluídos: agua y sangre.

José de Arimatea, que era discípulo clandestino de Jesús por miedo a los judíos, pidió a Pilato que le dejara llevarse el cuerpo de Jesús

Comienza a esparcirse el don de la fortaleza para el combate de la cruz, con la superación de los miedos.

Sábado Santo
Por la mañana

Hoy sábado santo, acompañamos en el Espíritu a María la madre solitaria, a quien su hijo Jesús le fue arrebatado y ajusticiado.

Por lo que sea, pues hay tantas teorías que vienen de lados interesados. Entre ellos el judaísmo.

Su ajusticiamiento se planta como un misterio acusador a la humanidad: capacidad de ajusticiar inocentes.

Somos capaces de lo peor con nuestras propia especie. Se palpa cada segundo en cualquier parte de esta tierra que habitamos y depredamos.

Si este signo no existiese estaríamos en completas tinieblas, de violencia entorpecida por la sangre que derrama.

Porque donde ella es la que domina, la carne humana deja de ser individuo para convertirse en bulto, que ni siquiera se sepulta, para que no contamine.

Y los espectadores de la brutalidad, por mano humana, directa o indirecta, nos vamos deslizando en la desesperanza, impotencia, indolencia y pérdida de lo que en algún momento llamamos dignidad de la persona humana.

Luego convenía que uno inocente muriera por todos, con capacidad de elevar su muerte a paradigma que mueve a emprender un itinerario alternativo al de la muerte sin sentido.

El poder del Espíritu del Padre hará que la muerte del Hijo encarnado se levante como la serpiente de bronce para curarnos de nuestra mordida de serpiente insidiosa. Nos conviene el crucificado para curarnos para siempre.

En el silencio del sábado santo instituído por la Iglesia para acompañar a Jesús yacente y dormido, nos preparamos para la novedad del Señor que interviene por la Resurrección de su Hijo e inicia una nueva creación.

Este anhelo profundamente sentido de una novedad auténtica que supere nuestra vejez, muerte y corrupción de todo, personal y social y de naturaleza, ha sido respondida y satisfecha en la Resurrección de Jesús de Nazareth.

Nuestra participación de ella depende de la fe que nos mueve y su desarrollo.

Ahora la Palabra está en nosotros, la tenemos nosotros, es nuestro turno. La chispa de la novedad, por nosotros debe propagarse en un fuego universal, para inflamarlo todo y que arda sin consumirse como la zarza de Yavé.

De una antigua Homilía sobre el santo y grandioso Sábado
(PG 43, 439. 451. 462-463)

EL DESCENSO DEL SEÑOR A LA REGIÓN DE LOS MUERTOS

El Dios hecho hombre ha muerto y ha puesto en movimiento a la región de los muertos.

Es el momento de convencer a muchos caídos, ya difuntos, que no creían, no esperaban, dudaban, y pensaban que todo había terminado. Aquellos que murieron con temor de haber acabado su única vida. Aquellos que murieron trágicamente, segados en su juventud y su potencialidad, sin que pudieran desplegar su proyecto de vida y un significado significante para su existencia.

Pero también es el momento de iluminar por fe a los que en esta orilla fueron y son testigos mudos de ese éxodo, que observan con dolor y duelo de separación y pérdida, y hasta temen una perdición definitiva.

En estos momentos celebramos la evangelización de los que ya partieron, y es posible acceder al gozo que entraña que nuestros conocidos son resucitados por la Palabra viva del Señor Jesús.

«Despierta, tú que duermes, Y levántate de entre los muertos y te iluminará Cristo.

Un maravilloso himno de la fe cristiana primitiva, que compartimos a partir de este momento.

Levántate, vayámonos de aquí. El enemigo te hizo salir del paraíso; yo, en cambio, te coloco no ya en el paraíso, sino en el trono celestial. Te prohibí comer del simbólico árbol de la vida; mas he aquí que yo, que soy la vida, estoy unido a ti. Puse a los ángeles a tu servicio, para que te guardaran; ahora hago que te adoren en calidad de Dios.

Sobre el horizonte se posiciona la posibilidad de convertir nuestros sueños de humanidad en realidad novedosa.

Made in the USA
Lexington, KY
07 April 2017